谜一样的女人

——邓文迪传

宋江龙 著

中国商业出版社

图书在版编目（CIP）数据

谜一样的女人：邓文迪传 / 宋江龙著 .——北京：中国商业出版社，2018.4

ISBN 978-7-5208-0250-5

Ⅰ . ① 谜 … Ⅱ . ① 宋 … Ⅲ . ① 邓 文 迪 — 传 记 Ⅳ . ① K837.128.5

中国版本图书馆 CIP 数据核字 (2018) 第 029163 号

责任编辑 常 松

中国商业出版社出版发行

010-63180647　www.c-cbook.com

（100053　北京广安门内报国寺 1 号）

新华书店经销

北京市凯达印务有限公司

*

710×1000 毫米　16 开　15.75 印张　220 千字

2018 年 9 月第 1 版　2018 年 9 月第 1 次印刷

定价：78.00 元

* * * *

（如有印装质量问题可更换）

绪 论：中国女人

说起邓文迪，大部分人都是在她与新闻集团董事长兼首席执行官鲁伯特·默多克(Rupert Murdoch)离婚后开始关注她的。

邓文迪被称为中国最富有的女人，有"一个传奇的中国女人"之誉，其狠、准、稳的作风被誉为"邓文迪式"人格，是传媒大亨——新闻集团总裁鲁伯特·默多克的第三任妻子，曾任新闻集团亚洲卫星电视业务的副主席。

2013 年 6 月 13 日，鲁伯特·默多克的发言人确认，默多克已经正式向纽约高等法院提交了与现年 44 岁的妻子邓文迪的离婚申请，离婚理由为"6 个月前关系已经破裂且无可挽救"。

而这些年来，随着人们对邓文迪的关注日益密切，与邓文迪相关的信息出现次数最多的就是——一个传奇的中国女人。

1968 年，邓文迪生于山东，从小在江苏省徐州市长大，后来全家迁居广州。父亲希望邓文迪就读广州医学院，将来成为一名成功的医生。但是邓文迪自己却结束了这段学习，不远万里赴美留学。

1987年，邓文迪在切瑞夫妇的帮助下顺利获得学生签证。邓文迪可以说服原本毫不相识的切瑞夫妇资助她出国留学，并且与切瑞夫妇5岁的女儿同睡一间房间的上下铺。邓文迪的交际手腕由此可见一斑。但不久后，邓文迪就介入切瑞夫妇的婚姻。1990年，切瑞与他的妻子乔伊斯离婚，53岁的切瑞与21岁的邓文迪结婚。

但切瑞与邓文迪结婚几个月后，便发现邓文迪与一个大她几岁的男青年沃尔夫有染。邓文迪也跟切瑞坦白，沃尔夫确实是她的男朋友，她对切瑞只是类似父亲的感觉。切瑞没有办法，只能放她离开。

但其实当年邓文迪要获得美国的绿卡，就必须与切瑞维持两年的婚姻，切瑞也知道这一条法规，不知为何，切瑞并没有提前结束她与邓文迪的婚姻，反而是等到邓文迪拿到美国绿卡以后，才与邓文迪办理了离婚手续。

而邓文迪在美国期间虽然长期与沃尔夫同居，两人却并没有结婚。但沃尔夫还是支付了邓文迪在美期间攻读耶鲁大学工商管理硕士的全部学费。1996年获得耶鲁大学MBA学位后，邓文迪与沃尔夫分手。

同年，在回香港的航班中，邓文迪结识同座的StarTV副总，并经其介绍进入默多克旗下的公司实习，开始了她的职业生涯。

提到邓文迪，必定会牵连到默多克，毕竟邓文迪曾经做了默多克14年的妻子，说她绝大部分成就都起始于与默多克结婚的这段时光也绝不为过。

1997年，传说当时任职于默多克旗下StarTV的邓文迪将一杯红酒洒在默多克身上。三年后，68 岁的默多克不顾家人反对，离婚并迎娶了 32 岁的邓文迪。

由于邓文迪之前的情史，外媒大部分人对邓文迪的印象都是"少妻""花瓶"，甚至是婚姻家庭的破坏者。值得一提的是，在默多克公司的"窃听事件"中，曾有一男子手持装满剃须膏的纸盘子欲攻击默多克，随行的邓文迪则直接给了攻击者一个漂亮的扣杀，一巴掌保护了自己的丈夫。

身高 1.75 米的邓文迪曾是学校排球队的主力，是以在那次"护夫"事件中，邓文迪矫健的身手以及果断的"护夫"行为获得了外媒的一致赞赏，其风头甚至盖过了新闻集团的"窃听事件"。连默多克都说，是邓文迪扭转了那次危机。

邓文迪在与默多克保持婚姻关系的这段时间里，人际关系也迅速发展。借助默多克夫人这个身份，邓文迪成为了名流圈里的社交达人。她与美国最炙手可热的 80 后女富豪伊万卡·特朗普是最要好的闺蜜；与华

裔女明星李冰冰、章子怡也都是好朋友；更与众多商界名人、政界首脑都保持着密切联系。虽然默多克与邓文迪解除了婚姻关系，但邓文迪的人际圈子绝不会因此而瓦解，反而为她离婚以后的事业发展打下了坚实的基础。

默多克的第二任妻子安娜曾要求：除非邓文迪生下和默多克的孩子，不然邓文迪无权继承默多克的任何遗产。要知道默多克已被确诊患有前列腺癌，早就失去了生育能力。但安娜不知道的是，默多克

在得知患上前列腺癌以后已经将自己的精子冷冻。而邓文迪则正好利用了这一点，成功地为默多克孕育了两个女儿：格蕾丝（Grace）和克洛伊（Chloe）。甚至默多克在女儿出生后曾高兴地宣布：他所有的孩子都有继承他遗产的权利。

虽然如今邓文迪与默多克已然离婚，但一度被嘲笑"扫地出门"的邓文迪日子过得依旧十分滋润。与默多克离婚后，邓文迪分到了两套豪宅，一套位于北京，一套位于纽约。而就在最近，前夫默多克忙着"四婚"时，邓文迪也携她的"小鲜肉"新男朋友频频现身秀恩爱。2017年5月20日，邓文迪搂着年轻男友于北京的四合院开party，众多名人，

甚至于李冰冰等明星都极力捧场。

这个传奇的中国女人邓文迪仍旧活跃在公众眼前。

不可置否，邓文迪在外国的影响比在中国确实要大许多。但无论外媒还是国内媒体对邓文迪的评价大多好坏参半，众说纷纭。

有人大骂邓文迪以小三上位，不择手段，为了获得名利破坏别人的家庭，利用与三个男人的关系，一步步爬上事业与名利的顶峰。作为一个女人，邓文迪依靠男人获得的成功并不算真正的成功，甚至有些悲哀，

发人深思。

　　也有人认为，邓文迪非常聪明也非常有手段，懂得自己要什么也懂得牢牢地抓住机会帮助自己达到自己想要的目的。至于心地好坏，能站在高峰的人都不是什么善男信女。或许她是不好，但也别忘了一个巴掌拍不响。不羡慕也不嫉妒，每个人想要的都不一样，她自己喜欢自己的生活就得了。毕竟我们不认识她，权当故事看就好。

　　这样的争执但凡在邓文迪出现于公众眼前就屡见不鲜，不过没有什么人是完全好或者完全坏的。我们平日从报道里见到的邓文迪不过是她的冰山一角，我们不知道我们看见的她的优点是否真实，就好像我们不知道她的劣迹是否虚假一般。表面上看起来知道了她的全部人生轨迹，却不过只是不知真实与否的大纲而并非细节。

　　邓文迪，这个中国女人，的的确确是一个谜一样的女人。

绪论：中国女人

目 录

目
录

第一章 真实之谜：多面解读邓文迪

第一节 众说纷纭的邓文迪

一、自带争议的光环

在这个世界上，有的人一生默默无闻，而有的人生来就立于漩涡的中心，饱受争议。

立于漩涡中心的人，也许有着极高的地位，也许有着耀眼的容貌，也许经历过其他人没有经历过的大风大浪。但我们必须承认，拥有这种争议光环的人，与众不同。

在邓文迪的身上，最常见的便是对她婚姻和人格上的争议。

邓文迪有过两段婚姻，而这两段婚姻，出奇地相似。

在这两段婚姻中男方都是外国人，且年龄都大了邓文迪许多。在邓文迪的人生中，她的两任丈夫无疑是她人生最大的两块跳板。杰克·切瑞为她提供了美国绿卡；而默多克给了她无上的荣耀以及衣食无忧的后半生。

她的两段婚姻也是她人格被诟病的主要原因。"小三上位"这样的词似乎成为了邓文迪的专属名词，邓文迪好似活在了人生的顶峰，但那里寒意刺骨。甚至在邓文迪与默多克结婚之时都没有大肆宣扬，只是在一艘游船上简单地完成了他们的婚礼。

不过，既然是争议，自然不可能是单方面的攻击指责。在所有邓文迪的新闻下，无数尖酸刻薄的责骂中，也有一大群"迪粉"与这些反对分子展开一场又一场的骂战。

在拥护者的眼中，邓文迪简直就是励志女神。一个普普通通的中国

巨人之路

谜一样的女人：邓文迪

女孩，考入名校，出国留学，还获得了耶鲁大学商学院的毕业证书。嫁入豪门，身居高位，将外国男人玩于股掌之间。尤其是对一些被男人伤害过的女性来说，邓文迪这样依靠男人却又不依附于男人的女人，简直狠狠地为女性长了脸。

无可厚非，撇开邓文迪曲折的情感史来看，邓文迪身上的光环还是十分耀眼的。

如今，在中国越来越走向世界中央舞台的背景下，中国女性，尤其是中国年青一代女性的国际形象也变得丰富多元起来。邓文迪自然就是其中的翘楚。

她的个人形象错综复杂，又牵连甚广。还有忘年恋和豪门风云这样具有话题性的讨论热点加在她的身上，能够成为人们津津乐道的话题也不足为奇。

如果说一千个人眼中就有一千个哈姆雷特，那么一千个人眼中一定也有一千个邓文迪。

毫无疑问，邓文迪是一个自带争议光环的女人。

其实仔细想想，对于那些责骂邓文迪的人来说，他们与邓文迪的生活并没有任何的交集，邓文迪更没有介入过他们的家庭，但他们的骂声从来没有停过。

而对于支持邓文迪的人来说，邓文迪能给予他们的精神支持和现实引导，其实换成一个其他的励志哥、励志姐都可以做到，他们根本就不必与这个好坏参半的女人死磕。但同样的，他们也从没有放弃过邓文迪。

其实对一个人的态度无非三种，爱、不爱或者不在意。被绝大部分人不在意的是普通人；被世人爱着的是举世闻名的好人、名人、富人或者美人；被所有人不爱的是恶人。

这三种人中，最令人羡慕的是被爱者，最可悲的是被不爱者，但活得最惬意的是被不在意者。普通人从来得不到别人关注的眼光，但他们舒适而惬意，无论做什么都不会有人来对他们指指点点。而其他的两种

人的一举一动都在新闻媒体的监视下，一言一行都是他人茶余饭后的谈资。

而邓文迪三种都是。

我们不能单纯地说邓文迪是好人还是恶人，这是一个极其复杂的女人，她在事业上无疑是成功的，在婚姻上谈不上失败，却也极少有人会为她的情感送上祝福。她地位极高，却有很多人带着不屑俯视着她，人们俯视着她却又向往着邓文迪式的成功。

关于邓文迪的争议，其实从她嫁给传媒大亨默多克那一天起，就没有停过。而且对于人们各式各样的评价，邓文迪也从来没有做出过回应，只是依旧坚持走在她自己的道路上，以她自己的方式不断前进。

但好像也正是因为邓文迪的不做回应，关于邓文迪的传说越来越离奇，这也让她显得越发的神秘。

这个谜一样的中国女人，就是有如此的能力，让人们对她锲而不舍，乐此不疲。

二、女性而非女子气

有一个很有趣的现象是，无论厌恶还是支持，对邓文迪怀有这类情感的人几乎都是女性。尤其是厌恶的情感基本上都来自女性，无论中国还是外国。而大部分的男人则对邓文迪这样的女人存了一份赞赏。

记得在邓文迪离婚后还传出过邓文迪与俄罗斯国家领导人普京的

绯闻。对于这个新闻的真实性，有网友称：说别人我不信，说邓文迪我信了……只有人家看不上的，哪里有人家撩不上的？!

众所周知，邓文迪征服了传媒大亨默多克，与英国首相布莱尔传出过绯闻，前段时间刚与年轻男友亲密现身巴黎时装周，无论她有没有将"魔爪"伸向俄罗斯总统普京，她对男性彪悍的吸引力已经不需要解释了。

但对于女性来说，她们可看不上这样的邓文迪。

女性是一个很特殊的群体，她们对一切的舆论八卦、豪门轶事津津乐道，她们不仅是这些信息的传播者，甚至也会成为这些信息的加工者。

正常的女性爱吃醋、爱虚荣，这并不是对女子的贬低，而是确确实实、人人都有的特征，不止女人有，有些男人甚至也是如此，只不过女性更明显地表现了出来而已。

但总体来说女性更多时候是温婉沉静的，大部分女子眼中的完美形象应该就是如林徽因或者三毛一般。她们一个活得细腻而美好，宛如人间四月天。另一个不在乎生命长短，只在乎是否痛快地活过。

她们这样的女性，更多的是一种女子气。仪态不凡、气质高雅、冰肌玉骨、才子佳人。这是一种生来就应该被捧在手里的空中玉女。

与她们比起来，邓文迪确实是完全不同的存在，邓文迪的生命同样起伏跌宕，感情同样蜿蜒曲折，同样备受男人追捧，但林徽因与三毛永远是宛如天上星，是床前的明月光与心头磨人的朱砂痣。而邓文迪在这些女性眼中则是衣襟上的饭粒与墙上的蚊子血。

其实我们可以这样理解这个现象，大多数人会对与自己相同类型的人产生好感，而对与自己性格迥异的人第一反应肯定是心怀排斥。

邓文迪身上少有这样的女子气，反倒是一种异样的女性特征。

大部分的女子穷其一生所追求的无非是："桃之夭夭，灼灼其华。之子于归，宜其室家。"她们追求人生美好，盼望着终其一生有人疼，有人懂，有人为她挡风雪，有人与她共黄昏。

这便是女子！无论人生如何起伏，内心里向往的总还是安定。

而邓文迪的不同就在于，她骨子里就有一份进攻性，她从来不向往安定。邓文迪欲前进时，感情就是那天上的一抹烟云，抓不住就抛。

并且邓文迪不是一个只知道盲目前进的人，伴随着邓文迪的进攻性，她为人处世圆滑的手段与滴水不漏的策略性亦是与寻常女子气大相径庭。这样的女性气质不仅与女子气不同，甚至比现代新兴女性的气质都还要锐利一些。

1987 年，19 岁的邓文迪已经明白作为一个女子，想要出人头地，需要更高的平台，更好的教育。1988 年，邓文迪放弃了她所学的医学学位，到了美国住进了切瑞家，不久切瑞夫妻感情破裂，婚姻走到了尽头，21 岁的邓文迪嫁给了比自己大 31 岁的切瑞。通过此举，她拿到了美国绿卡。

在切瑞支付不起邓文迪攻读耶鲁硕士的高额学费以后，邓文迪又有了一个新的男朋友沃尔夫。在沃尔夫的帮助下，邓文迪不用担心经济压力，可以专心学习，顺利从耶鲁取得学位证。在她回国前，沃尔夫也成为了她的前男友。

邓文迪从来都知道自己要的是什么，也知道她应该如何去得到她想要的。

邓文迪说："我只是一个教育的受益者，我今天拥有的一切都来自我受到的教育。因为学问与智慧可以让人敏锐，可以让你洞悉机遇并成功把握它们。女人的青春、美貌、钱都可能失去，但教育永远是你的一部分。教育可以改变人的一生。"

的确，虽然现在总是有人贬低邓文迪靠婚姻上位，利用男人走捷径。但假如邓文迪自己没有想要出国留学，不会那一口流利的英语，没有耶鲁大学商学院的毕业证书，她又怎么可能成功地进入 StarTV，接触到传媒大亨默多克？金钱可以靠别人接济，但能从世界名校取得学位证的聪明头脑却不能靠金钱填满。

更何况邓文迪虽有进攻的野心，但她从来不做天马行空的白日梦，她所有成长的经历甚至是前进的手段都是极其现实的。

而且邓文迪善于抓住机会，刚刚大学毕业的邓文迪怎么可能谋划出勾引公司老总这样无论怎么看都很不切实际的计划？而且对象还是年龄比自己父亲还大的大 boss。

虽然最后邓文迪还是成为了默多克的第三任妻子。默多克与邓文迪的婚姻也许是邓文迪人生中的锦上添花。这份感情来了，她好好收着，细心养护，等待它开花结果。最后感情破裂，她也没有太多的悲伤，更不可能像一般的小女子，失去了丈夫便要死要活，她依旧是活得很好的邓文迪。

记得邓文迪与默多克在法庭上宣布和平离婚时，两人相互告别，各奔东西，精明干练的邓文迪脸色并不如以往好看，甚至隐隐有些憔悴。

因为那场离婚是默多克单方面展开的，邓文迪收到离婚协议书的时候惊讶不已。但她没有与默多克做过多的纠缠，迅速地与共同经历了14年风风雨雨的丈夫结束了他们的婚姻。结束的时候，邓文迪走向默多克，将最后一吻轻轻印于默多克的脸颊，说了最后一句话："谢谢你！"

而默多克只是沉默着，回以微笑。

除开这桩离婚案里铺天盖地的花边新闻和小道消息，邓文迪在这场婚姻结束时的洒脱与干练确实是让人心服的。

回想默多克与第二任妻子安娜离婚时的场景，那才是真正的轰轰烈烈。两人不仅为了财产对簿公堂数月，默多克更是开出了17亿美元的天价分手费才得以平息此事。安娜还在离婚协议中添上了这样一条略显她小肚鸡肠的条款：除非邓文迪为默多克生下一儿半女，不然默多克死后邓文迪不能继承他的一分遗产。

这还是因为安娜知道默多克患有前列腺癌，早就失去了生育能力。

但安娜不知道的是默多克早就将自己的精子冷冻起来，而邓文迪也正是利用这一点，后来邓文迪与默多克拥有了自己的孩子格蕾丝和克洛伊。

安娜在与默多克离婚时甚至表示："这不仅是我婚姻的结束，也是我生活的结束。"

比起安娜，邓文迪走的时候潇洒得太多。

对很多女子来说，婚姻就是人生的全部。丈夫就是上帝，是自己命运的主宰。有很多强大的女人一旦陷入感情里，就如同泥人过江，无论如何的小心翼翼，仍旧是自身难保。

邓文迪分手时说的那句"谢谢你"，是一种不同寻常女子的洒脱与硬朗。在她的婚姻里，她没有完全陷进去。她在经营自己的婚姻时开办了自己的公司，有了自己的事业。

她感谢默多克陪她走过的人生，所以她道谢。谢过之后，摘下夫姓，她仍是邓文迪！

邓文迪在她的人生里实现了华丽的转变：从月收入 350 元的徐州老家到纽约曼哈顿 4400 万美元的豪华公寓，并拥有十亿美元资产。正是邓文迪身上的女性特征助其在几个关键的人生转折点上完成华丽转身，成功打入西方上流社会。

邓文迪的女性特征充满着侵略性、目的性和策略性。一切都以进攻目的为导向，在行事策略上深谋远虑，极善经营。很难说邓文迪是正是邪。首先她是向上的、努力的、智慧的，也可以说是非常成功的，但却又不断地被大众指责。

只能说，恐怕在西方长大的白人女性甚至是东方温婉的亚洲女性，是永远无法理解邓文迪骨子里的疯狂的。邓文迪疯狂地对待爱情，疯狂地对待事业，她的一切都

巨人之路

谜一样的女人：邓文迪传

与普通的女子大不相同。

邓文迪没有一般女子温柔可人，在她的骨子里，更多的反而是像猎人一样凶狠的进攻性，她总是能精确地瞄准目标，迅速地出击，又快又狠。

第二节　云雾缭绕的"感情"

一、邓文迪与她的男人们

客观地说，邓文迪算得上是一个成功的女人。耶鲁毕业，曾经担任新闻集团亚洲卫星电视业务副主席，自己创业开办了 MySpace 社交网站，还当过电影制片人，拍摄了电影《雪花秘扇》。

但邓文迪最为人们津津乐道的绝对不是她的奋斗史，而是她的感情史，是邓文迪与他们之间不得不说的故事。

1987 年，广州。

美国人切瑞在中国广州某工厂短期工作，在这期间，邓文迪结识了切瑞，提出跟切瑞的太太乔伊斯学英语。切瑞太太当时是陪同丈夫住在广州的，很有空闲，因而很乐意辅导她英语。

后来，乔伊斯为照顾美国的孩子先回美国加州。不久，丈夫切瑞告知乔伊斯：他已经答应资助邓文迪留学美国，要乔伊斯协助申请学校，准备资助法律文件。切瑞夫妇担保资助邓文迪直到其可以自立。乔伊斯照办，并为其联系了一所大学。1988 年，邓文迪顺利赴美。

邓文迪赴美后，即住在切瑞夫妇家，与他们 5 岁的女儿同住一个卧室，睡上下铺。对切瑞夫人来说，这或许是个"农夫与蛇"的故事。她在先生那发现一大堆邓文迪风情万种的性感照片。那时，邓文迪已跟她丈夫时常双双外出，有时甚至彻夜不归。

切瑞先生承认，他被这个比自己年轻 30 岁的女人迷住了。愤怒的切瑞夫人要求邓文迪搬走，切瑞先生也跟着走了，他和邓文迪搬进附近一间公寓。1990 年，切瑞夫妇婚姻破裂,53 岁的切瑞与 21 岁的邓文迪结婚。

当地法院的离婚记录显示，切瑞和邓文迪的婚姻持续了两年零七个月，这比要求邓获得绿卡，允许她作为外国居民永久在美国生活和工作的时间仅仅长七个月。

切瑞与邓文迪结婚四个多月后，蜜月意犹未尽的切瑞发现邓文迪跟一个比她大几岁的男青年沃尔夫有染。在 20 世纪 90 年代早期她和切瑞先生结婚的那段时间里以及此后的一段日子里，邓文迪在一些场合介绍这位高大的沃尔夫先生时，称他为丈夫。

熟悉他们的人都说，她和沃尔夫先生站在一起很引人注目，获得很高的回头率。他们告诉朋友说，他们在中国相识，沃尔夫先生精通汉语，两人在洛杉矶郊外的一家体操学院工作，该学院当时由李宁经营，邓文迪负责体操学院中国教练与学龄客户父母之间的联络工作，沃尔夫先生是体操馆的总经理。

当切瑞发现自己年轻的妻子出轨后，他怒不可遏地去找邓文迪，而邓文迪只是风轻云淡地对切瑞说，沃尔夫确实是她的男友，而切瑞对她而言，是一个父亲的概念，不会是任何其他的关系。

随后邓文迪在男友沃尔夫的帮助下，赴耶鲁大学学习商科。

日出唤醒大地，读书唤醒头脑。大学的魅力就在于此，它可以开阔一个人的眼界，升华一个人的灵魂。随着邓文迪不断地在耶鲁大学汲取知识，邓文迪和沃尔夫都发现，他们的思想层面已经不一样了。

1995年年末，沃尔夫前往北京工作并定居，邓文迪与其关系结束。

关于邓文迪是如何与默多克在一起的，有个流行的版本。1997年新闻集团高层聚会，根本没有资格参加的邓文迪设法进入聚会大厅，"有意不小心地"将红酒洒在默多克的裤子上，邓文迪随即蹲在地上，为默多克擦拭。3年后，默多克不顾家人反对而离婚并迎娶了她。

而在邓文迪的描述中，故事是这样发生的：一天早上，在星空卫视负责拓展中国大陆业务的邓文迪接到总裁的电话，请她马上到会议室去一趟，在那里，她见到了新闻集团的掌舵人、一直以来只存在于商学院案例和传说中的默多克。"我事先并不知道他要来。当时新闻集团在全球有6万多名员工，我不认为自己会这么快见到大老板。"因为毫无准备，她索性连紧张的时间也跳过了。

总裁请她为老板介绍中国的市场情况，她站在那里，口若悬河，就中国这片拥有12亿人口的庞大市场娓娓道来。默多克越听越有兴趣，他被这个充满活力的年轻女子和她所代表的神秘大陆深深吸引，当场决定邀请邓文迪共进晚餐。会议延伸为约会，话题也从工作无限地蔓延出去。后来，默多克才告诉邓文迪，在她走进来的那一刻，他有"眼前一亮"的

第一章　真实之谜：多面解读邓文迪

感觉。

那一年，邓文迪30岁。她刚刚结束在美国10年的求学生涯，与星空卫视签下了条件优厚的合约。在1000多名雇员中，她是唯一一位担任管理层职位的中国女性，年薪高达十几万美元，而不是此前媒体透露的8万美元。

默多克向公司高层宣布了自己的恋情。邓文迪离开香港搬到纽约。不久默多克与第二任妻子安娜分居，1999年宣布离婚，32年婚姻告终。同年6月25日，在离婚后仅17天，默多克同邓文迪结婚，两人的结婚仪式在默多克的游艇上举行，有趣的是沃尔夫的母亲也应邀出席了婚礼。那时默多克68岁，邓文迪31岁。

邓文迪与默多克这段婚姻长达14年。在这14年里，邓文迪也曾安心地相夫教子，在他们婚姻开始的时候，邓文迪变得十分的低调，除了默多克宣布婚讯的那条新闻，在媒体上邓文迪几乎隐形。

但耶鲁高才生终究有一颗躁动的心，结婚几年后，邓文迪借助默多克的势力和人际关系，正式开始了她的事业。

就在默多克"窃听门"事件和邓文迪为救夫掌掴攻击者大热之后不到三年，就在所有人几乎就要认可这段不论年龄还是身份都相距甚远的

婚姻时，11月20日，默多克与邓文迪正式离婚。默多克接受某杂志采访时说，邓文迪与布莱尔的绯闻是导致他们离婚的主要原因。

托尼·布莱尔曾担任英国首相，不过在2007年6月离职。离职后布莱尔继续担任哈萨克斯坦经济顾问。布莱尔早有家室，育有三子一女，家庭原本也算和美。布莱尔的妻子也是出了名的女强人，她曾经表示很信任自己的丈夫，布莱尔绝对不会出轨。而且布莱尔还是默多克多年的好友，据说当年就是默多克一手将布莱尔送进了唐宁街10号。

布莱尔先后担任过英国工党党魁、枢密院成员、财政副发言人、贸工副发言人、能源和就业事务副发言人、英国首相、议员、中东问题特使，现任哈萨克斯坦总统经济顾问。

据英国《每日邮报》(Daily Mail)2014年2月10日报道，邓文迪与布莱尔往来的电邮竟有300页。由邓文迪写给布莱尔，都充满了款款深情，而布莱尔也是不停地给邓文迪"回信"。这些电邮很可能加深了默多克对二人有私情的猜疑。邓文迪在日记中这样写道：

Oh, shit, oh, shit. Whatever why I'm so so missing Tony. Because he is so so charming and his clothes are so good. He has such good bodyand he has really really good legs. But…And he is slim tall and good skin. Pierce blue eyes which I love. Love his eyes. Also I love his power on the stage…and whatelse and whatelse and whatelse.

大意为：噢，该死，噢，该死。我为何如此、如此的想念托尼？因为他是如此、如此的迷人，他的衣着如此得体。他拥有如此好的身体，他拥有真正、真正的腿和屁股……他身材修长，皮肤很好。有我所爱的透彻的蓝眼睛。爱他的眼睛，我还爱他在台上的力量……还有什么，还有什么，还有什么呢……

2013年4月底，邓文迪单独到默多克的农庄过周末，而布莱尔亦在那时乘私人飞机前往。邓文迪与布莱尔还有数次私人见面，在纽约的旅

第一章 真实之谜：多面解读邓文迪

馆里，在私人游艇上，在默克多在伦敦的家中。不过，布莱尔矢口否认与邓文迪有婚外情。新闻集团的一名已离职的员工说，上述地点的会面，应该是商务会面。

但无论邓文迪与布莱尔如何，邓文迪与默多克的婚姻反正是真正地走到了终点。而邓文迪与默多克的婚姻结束后，邓文迪的生活似乎刚刚开始。

2016年3月5日，84岁的默多克再度步入婚礼殿堂，与滚石主唱米克杰格的前超模女友、59岁的杰莉·霍尔 (Jerry Hall) 牵手完婚。

过了两天，在巴黎的 Nina Ricci 时装秀上，邓文迪与一帅哥表现亲密。她挽着帅哥的臂弯，露出得意的神色。

邓文迪身旁的帅哥名叫查理·西姆 (Charlie Siem)，生于1986年1月14日。其母是英国人，其父为挪威富商，资产过亿。西姆就读过著名的贵族学校伊顿公校。后来去了剑桥，与威廉王子、哈里王子都是校友。他3岁开始学小提琴，后成为英国顶尖的小提琴家，目前已与索尼古典签约。

查理也是一位模特，为世界数家名牌拍摄广告。他也是英国王室慈善基金大使，以及利兹音乐学院的客座教授，还是全英国最年轻的教授。

查理绝对是无数少女心中的白马王子。当然，一些模特与女星也毫不掩饰对他的喜爱。LadyGaga 就曾穿着透明的衣衫亲吻查理·西姆。

但查理·西姆和邓文迪都未公开承认过他们的恋情。

近日，48岁的邓文迪携小27的岁匈牙利男模 Bertold Zahoran 在加勒比岛度假。二人在酒店的露台上玩闹亲吻，十分甜蜜。两个人还手

牵手一同上街，看起来非常恩爱。

随后 48 岁的邓文迪与这位比自己小 27 岁的新男友新恋情曝光，邓文迪再次牵手另一位小鲜肉。

在结束了与老男人无尽的纠缠之后，似乎邓文迪现在的择偶目标的年龄已经从至少大她 10 岁变为了至少小她 10 岁。

在邓文迪云雾缭绕的情感史里，无论有钱有势的成功男人，还是年轻有为的小鲜肉都好像大白菜一样稀松平常。也难怪会有那么多的女人如此的看邓文迪不爽，这样的男人给普通女人一个她们就应该很满足了，但邓文迪对于这些普通女人求之不得的男人似乎是一点也不珍惜，"用一个丢一个"，这叫广大单身女性如何能不气愤呢？

二、一个强大而了解你的女人

邓文迪为什么会如此得男人喜爱，这是一个问题。

我们总认为男人的理想型会与小家碧玉、温婉可人、善解人意等词汇画上等号。但事实上，邓文迪不属于其中的任何一个。

这个女人为达目的不择手段，身材高挑、性格火暴，做事干练果断，从不拖泥带水，学历高到差点让人高攀不起，但就是这样的邓文迪征服了举世闻名的传媒大亨、英国的前首相，还在不惑之年、人老珠黄之际征服了数名小鲜肉。

这是一个令人费解的现象。

邓文迪身上到底有什么吸引男人的特质呢？

细细数来，无非就是她女性强大的性格以及强悍深处那一抹温柔而细腻的柔情。

在这位华人奇女子的身上，好像就没有什么事情是不可能的。就其本身而言，年近半百，依旧保持着完美身材，并且衣品爆棚。每每亮相，那造型和气势，完全就是一副红毯女王的即视感。

84 岁的默多克与 59 岁的传奇名模霍尔终结良缘的喜讯传出后，几乎是同时又传出默多克前妻邓文迪另结新欢，与小自己 17 岁的"鲜肉"手挽手出现在时装秀上的消息。

令人们即刻从对邓文迪与前夫默多克的婚姻战役中彻底失败的怜悯和嘲笑中，来了个 180 度的大转变，将艳羡、崇拜、仰望以及一大串羡慕妒忌恨的目光投向这个长相非花容月貌沉鱼落雁，皮肤下垂松弛，放眼望去只是一个普通的家庭妇女，但是始终充满了使不完的力气与不可抗拒的战斗力以及不屈不挠、顽强不息的"打不死的小强"精神的非同凡响的女人。

即使离婚，邓文迪也并没有如人们想象的那样悲惨，她好像总有办法让自己活得体体面面，风风光光。即使在默多克传出婚讯的窘迫局势

下，她仍然能够从容不迫，随手拎出一个出类拔萃，名气响当当的极品"鲜肉"，以一种绝地反击的姿态，令人们为之惊艳的同时，也为自己挣回了面子。

虽然那位极品"鲜肉"不一定真正是她的新欢，但是无论如何邓文迪的目的达到了。她向世人证明了，她强大如斯，又岂是一个男人、一段婚姻就能将她击倒的？

邓文迪或许不够美丽，但是她能给予男人需要的一切，越是成功的男人越会被有内涵的女人吸引。而邓文迪有强大的心脏，钢铁般的意志，非凡的行动力，是一个不达目的决不罢休的女人。

也许，正是因为邓文迪身上具有的坦率、勇敢、坚强、果断以及敢爱敢恨的成熟女人魅力吸引了如此优秀的男人，令他们心甘情愿匍匐在她的脚下，做她情感上的仆人。

对男人来说，这是一种无法抗拒的魅力。

这个普通的家庭妇女仿佛拥有着一种隐藏在举手投足间的神秘气质，锐利的眼神，开怀的大笑，闪亮的珠宝饰品，华贵的服饰。再加上，邓文迪和默多克虽然已经离婚，可是邓文迪与默多克结婚多年攒下的人脉，获得的财产，积累的手腕以及其他各种"资源"依然存在，换句话说，出国前半年和刚出国的时候是她攫取他人的资源，现在轮到她变成他人眼中的猎物了。

有句话叫做"男人不坏，女人不爱"。对于邓文迪来说，女人眼中的她的种种缺点，或许只是男人眼中一些磨人勾人的小毛病，她的进取心像一把把带着倒刺的钩子刺进男人们的心脏。而她的坏毛病则让男人们感到这个女人的不完美，可正因为不完美，他们会产生一种可以掌控邓文迪的错觉，就像火光吸引着飞蛾，男人们乐此不疲。

另外，邓文迪的情商很高。长相只是一方面，花容月貌在岁月的洗礼下久经风霜，迟早会变得丑陋。而一颗强大的心灵在时光的打磨下会像钻石，光彩照人。

"弱肉强食"是自然界的生存规律。在感情的世界里也同样存在着"强者为王"的潜规则。而邓文迪则永远是那个懂得驾驭感情，在爱情世界里如鱼得水，永远不服输的强者。

邓文迪的情商很高，这一点毋庸置疑，她19岁就可以说服外国人切瑞资助她出国读书。进入StarTV做实习生的时候，所有人都忙着埋头苦干，只有邓文迪每个办公室到处乱窜，到处都能听见她银铃般的笑声："嗨，我是实习生邓文迪……"

一个情商高的女人是很可怕的，她可以轻易看穿一个男人的内心，针对他内心深处的渴望，对症下药，并将其收归囊中。

而且相信邓文迪在她的感情里是付出了真心的，试想邓文迪与切瑞的第一段婚姻，彼时邓文迪不过是一个19岁的小女孩，是最青春懵懂的年纪，就算心里再想赴美留学，又怎么可能拿自己的婚姻大事开玩笑？

更何况以邓文迪骨子里的傲气，如果她不是真心喜欢，又怎么可能甘心下嫁给一个大自己几十岁的老男人？

那时候的邓文迪一心想着出国，对国外的生活充满了向往，作为一个纯正的外国人，杰克·切瑞对于国外的风土人情，奇闻异事都可以娓娓道来。这一点正中邓文迪这个18岁小姑娘的下怀。他确实是有那个资本吸引到邓文迪的。

尤其是到后来，与布莱尔那一段绯闻。邓文迪与默多克结婚以后，邓文迪可谓嫁入豪门，要什么有什么，如果不是真的动了心，又怎么会不顾自己的利益身份，拿自己的未来和财产开玩笑？

更不要说邓文迪离婚以后，单身贵族，事业有成。这样一个风头正盛的女人有必要为了迎合谁，讨好谁而故意去献媚吗？

所谓心有猛虎，细嗅蔷薇。每个人的内心深处都穴居着一只猛虎，只是在虎穴之外仍有蔷薇丛生。

猛虎嗅蔷薇这个意境，表述爱之细腻再恰当不过。无论是怎样的人，只要心间起了爱意，就会变得很温柔，蹑手蹑脚，小心翼翼地靠近美好，

生怕惊落了花蕊上的晨露。

邓文迪这样的女人，有内涵、不娇弱、有目标、有理想，人格魅力十足；更何况现在身价自备，颜值犹在，身材保持得很好；情商高，善解人意，感情细腻却又开放。

如她这样的女人，也许普通男人根本驾驭不住，但越是位高权重的男人越会喜欢这样的女人。

第三节　精心构筑的世界

一、女人需要目标明确

2011 年 1 月 28 日，打开电脑，每一位使用搜狗输入法的用户都会收到汉语词库里增加的一个新词条：虎妈。临近春节，一本在大洋彼岸引发教育方法口水战的书籍《虎妈战歌》正式上架。

这里所说的虎妈是美籍华人、耶鲁大学法学院教授蔡美儿，她出版了一本新书：《虎妈战歌》。书中提到了蔡美儿对女儿的十项要求，比如不准在同学家留宿，不准看电视或玩电脑游戏，每门功课至少要得到 A，还讲述了她不准女儿在练琴时喝水上厕所以求得突破等经历。

书中还表达了不同于西方观念的育儿方式，她认为西方人对孩子的宽容超过了对孩子的教育，恰当执行东方的严格家教方式更有助于孩子未来的发展。而这一观点在崇尚自由和尊重儿童个性的美国，引发了一场大争论。短短几天内，全球有百余万人在网上阅读了《虎妈战歌》的相关消息，有 5000 多人对《虎妈战歌》发表评论。即使在我国国内，也

第一章　真实之谜：多面解读邓文迪

有很多不同的观点。

当《虎妈战歌》的部分内容被刊登在《华尔街日报》上后，蔡美儿发现自己成了众矢之的：不管在博客、电视节目还是媒体专栏中，都可以看到有人抨击自己的文章或观点。就在很多朋友努力安慰蔡美儿的同时，她收到了一封令她颇感意外的电子邮件，发件人是媒体大亨默多克的妻子——邓文迪。

邓文迪表现出与其他人不同的态度。她对蔡美儿说："你为什么要在乎别人的看法？你有两个优秀的女儿，这就够了。"

从这个故事中我们可以看出很多东西。

第一，邓文迪不是一个随大流的人，她是一个很有主见的人，不仅聪明强势，更重要的是她能够主宰自己的命运。

毫无疑问，在不在乎别人看法的问题上，邓文迪绝对是位高手。当年她与默多克的婚姻几乎遭到了所有人的反对，甚至连默多克的生母都从来没给过邓文迪一个笑脸，但邓文迪依旧毅然决绝地嫁给了默多克。

自 1999 年嫁给默多克以来，这位传媒大亨的第三任妻子、比默多克小 38 岁的邓文迪，一直被猜疑和怀疑所围绕。往好了说，她被描述成为"花瓶太太"；往坏了说，她被认为是"拜金女"。有关她如何从一个普通得不能再普通的中国女孩变成默多克豪宅女主人的争执、猜测甚至是谩骂，始终未曾消失。

但邓文迪丝毫不在意这些，她知道自己想要的是什么，她有自己的主见。嫁入豪门对于很多女性来说，是可遇不可求的梦想。豪门一入深似海，虽说能过上让人艳羡的生活，却很可能失去主见，甚至失去自我。在如此流言满天飞的情况下，她依旧活跃在各个社交圈子，追逐着自己的事业。

第二，她不仅懂得抓住机会，还懂得利用机会为自己服务，从中得到一切自己想要的东西。

邓文迪努力寻找自己在默多克的传媒帝国中的位置。她曾负责新闻

谜一样的女人：邓文迪传

集团旗下社交网站 Myspace 在中国的拓展业务，修补新闻集团与中国的关系，结果大获成功。这为她赢得了默多克次子詹姆斯的尊重，使其成为默多克 4 个成年子女中第一个承认邓文迪继母地位的人。

邓文迪不仅在默多克的媒体帝国中找到自己的位置，而且开始有自己的事业，投资拍电影；在养育自己和默多克的两个女儿的同时，她展现出惊人的社交能力，有了独立的交际圈，其中甚至不乏默多克的"对头"。

她参与上流社会的大量社交活动，为自己今后的发展积累人脉关系，还投入到默多克的家族生意里去，为默多克开拓中国市场出一份力。虽然由于天时地利人和的关系，默多克在中国的业务未能得以顺利发展，但是邓文迪的商业才干还是得到默多克的认可。

邓文迪投资拍摄了电影《雪花秘扇》。她深度介入这部 2011 年上映的电影的拍摄过程。她曾当着很多中国电影同行的面要求多花钱来做营销。这部电影真正做到了在 30 个国家同时宣传上映。第二天上海街头就能看到该片的宣传海报。

第三，邓文迪具有强大的社交能力。

当年邓文迪嫁给媒体大亨默多克，一步跨进显赫的社交圈，不甘心在家里当豪门太太，搞了自己的事业。虽然从拍电影到做 Myspace，都没有取得什么显著的成果，但让她结交了更多名人，反倒成了她真正的事业。

邓文迪这位社交达人的座上宾非富即贵：软件巨头拉里·艾里森、英国前首相布莱尔、著名影星妮可·基德曼……她每年都会和一些权力女性一起举办宴会派对，为朋友举办一些读书会。

通过这些人，邓文迪构建了强大的人脉网络。布莱尔的妻子切丽因"窃听丑闻"起诉了默多克旗下的英国报纸。然而，2009 年，当布莱尔和切丽到访北京时，就是邓文迪安排布莱尔夫妇与中方高级官员会面的。

邓文迪交友本领一向高。有次记者拍到邓文迪顶着一张憔悴脸，买好防晒霜带女儿出海散心，刚发了文讯讽邓文迪开始走下坡路，却发现连邓文迪散心的游艇都是俄罗斯寡头，全世界排名第 15 的富豪阿布拉莫维奇家的。

邓文迪在社交方面的手腕毋庸置疑，借搞事业搭上权力女性。逢大 party 必赶，自己每年与有名气的女性办宴会、办读书会，多年下来不但搞定了这些女人，还搞定了她们背后的老公。

就比如阿布拉莫维奇这种超级巨头，邓文迪先是搭上阿布的美貌老婆、俄罗斯名媛达莎·朱可娃，两人情同闺蜜。连邓文迪声称开发 Artsy 网站的数字艺术这种小项目，朱可娃都大力支持。

最有钱的 80 后女富豪伊万卡·特朗普，现美国总统唐纳德·特朗普的女儿，也是邓文迪多年的朋友，两人一起看秀，参加派对，还聊媒体合作，据说伊万卡与老公贾瑞德·库什纳能成就良缘还是邓文迪撮合的。

还有时尚界的扛把子 Vogue 美国版主编安娜·温图尔也是邓文迪多年的闺中密友。刚嫁给默多克时，邓文迪还一身土气，后来成了强悍女王。有次媒体在奥斯卡颁奖典礼前夕采访她穿什么走红毯，她回答："安娜帮我找了件衣服。"

这还真不是邓文迪借安娜的名字瞎说。在时尚界奥斯卡大 party MetGala 上，邓文迪是出现次数最多的中国面孔，只有巩俐能与她并列一级受邀名单。连她跟默多克离了婚也没走下坡路，2015 年 MetGala 搞"中国：镜花水月"主题，安娜·温图尔还邀请她当联合主席。

连金刚狼休·杰克曼也称赞邓文迪是个很好的妈妈，对女儿管教严格，当然重点还是杰克曼的老婆 Deborra-LeeFurness 是邓文迪的闺蜜。

其实纵观邓文迪的事业，我们会发现邓文迪并不是她所在那个圈子里拔尖的存在，在商业能力方面，比邓文迪优秀的大有人在。

甚至很多默多克的密友坦言，就事业上来说，默多克的前妻安娜其实比邓文迪更能给予默多克帮助。

但是邓文迪不是安娜，邓文迪也从不觉得自己比安娜差。邓文迪知道自己适合做什么，能做好什么。正是因为邓文迪从不迷茫，并且会为她的所求所欲不断地奋斗，她才会有如今的一切。

二、欲望弥漫不尽

2010 年年初，天寒地冻。李冰冰在台湾正忙着赶拍一个广告。突然她的电话铃响了，一个陌生的声音急促又有点霸道地说："我是邓文迪。我有部电影，你能拍吗？"

在圈内，没有人会这么问话。

通常，邀约影星拍摄电影的流程是制片人先派秘书打电话，讲一下电影的基本情况，然后发剧本，再约见面深谈。李冰冰对这部电影的名字、剧本、其他主创情况一无所知，没办法回答这个问题。出于职业习惯，她矜持地说："先看剧本吧！"

"那我 15 分钟后打给你。不，半小时后再打给你。"邓文迪认为，半小时内做决定足够了。

对李冰冰来说，邓文迪是个神秘的人物，还有各种戏剧性的坊间传闻。但真正接触这个人后，她才发现，"她太直接了，直接到一点弯都不拐"。

通了 3 次电话之后，李冰冰决定接演《雪花秘扇》。李冰冰当时只提了一个条件：她刚拍完三部电影，准备休假。邓文迪答应了这个要求。

李冰冰表示："她实在够坦诚的，这一点就打动我了。整个过程没有任何迂回婉转。"

当时，邓文迪在忙碌着《雪花秘扇》的拍摄，《雪花秘扇》是她担任独立制片的第一部电影。当时在内地该电影已经秘密开机，章子怡已进组开拍了一些镜头。但因为"泼墨门"事件，影片也被卷入江湖舆论纷争中，负面新闻缠身的章子怡最终选择退出主演、制片人的位置。

章子怡的临时退出，为第一次担任制片人的邓文迪带来了巨大挑战。在另外一位主演全智贤的合约里，有一条规定是，如果初定的演员没有参与最终的电影拍摄，她可以辞演该片，且不退还片酬。这意味着，如果找不到合适的演员接替，邓文迪进军电影行业的第一战将出师未捷身

谜一样的女人：邓文迪传

先死。

虽然这个故事看起来是李冰冰解除了邓文迪的危机，但事实上，邓文迪与李冰冰二人都是绝对的受益者。邓文迪顺利地完成了她作为独立制片人的第一部电影的拍摄，而李冰冰则获得了进军好莱坞的绝佳机会。

而且毫不夸张地说，就是这部电影把原本只在中国活跃的李冰冰送进了好莱坞。在完成《雪花秘扇》的拍摄以后，李冰冰原本只在国内发展的戏路瞬间转变，她成了好莱坞的常驻嘉宾。也正是因为这部影片，李冰冰被《生化危机》的导演相中，随后，李冰冰便参与了《生化危机5》的拍摄。

善于利用好莱坞人脉和资源的邓文迪，将《雪花秘扇》打造成迄今为止海外宣传力度最大的一部中国电影。在过去进入全球市场的中国电影中，没有一部能像《雪花秘扇》这样，在发行和宣传规模上做到真正的国际化。

上映前夕，在纽约时代广场上最显眼的那块电子大屏幕上，出现了李冰冰拿着扇子，只露出一只眼睛的大幅电影海报。7月中旬，首映礼会在纽约举行。届时，纽约市长也会出席首映礼，支持这部中国电影的公映。

影片合作方华谊兄弟的负责人说道："邓文迪代表着亚洲的眼睛。当

第一章　真实之谜：多面解读邓文迪

她的目光转向亚洲，就具备了杀伤力。"

《雪花秘扇》的另一位制片人弗洛伦斯·斯隆，是米高梅电影公司总裁的夫人，是马来西亚华裔，会说简单的中文，本人也非常漂亮。她和邓文迪是认识了 10 多年的老朋友，也是汤姆·汉克斯夫人的闺蜜。汤姆·汉克斯曾在接受《娱乐周刊》采访时为《雪花秘扇》造势："今年暑期档，我只期待《雪花秘扇》这一部电影。"

毫无疑问，在邓文迪与李冰冰的合作中，她们两人名利互得。

邓文迪跟记者聊起李冰冰，很直接地称赞："我们还没见过面，我就喜欢李冰冰的电影。她拿了金马奖后，我就更喜欢了。"

《雪花秘扇》是邓文迪踏足电影事业的第一步，当她在家带孩子的时候常看些小说，《雪花秘扇》就是其中最打动她的一本小说。

影片《雪花秘扇》是根据美籍华裔作家邝丽莎的同名小说改编，讲述两个女孩子用女书互诉真情的故事。导演王颖增加了一段现代部分的戏，故事就变成两个女性在不同时代的友情，她们都需要用自己的权力、毅力去克服逆境。

就是因为这部电影，中国"女书"还申请了世界文化遗产。

三年前，邓文迪拿着这本书找到美籍华人导演王颖的时候便表示，作为制片人，她会完全保护导演，帮助导演达到他想要的东西，不会干涉任何创作上的事情。拍摄期间，剧组里遇到任何麻烦，都是邓文迪出马搞定。她身边有专门的律师，会仔细地看各种条款的细微之处。"包括很多演员合同上的事情，涉及钱的问题，她都去弄。而且她也肯讲话，还讲得很清楚。"王颖说。

王颖导演也拍过《最后的晚餐》《曼哈顿灰姑娘》这类好莱坞大牌演员参演的商业片。而这次有了邓文迪担任制片确保资金无忧，王颖坦言他就像一个"被释放的精神病人"，毫无顾忌，"只管艺术创作"。

邓文迪懂得用聪明的方式做事情。例如，发行方希望导演王颖、李冰冰去录制湖南卫视的一个综艺类节目。得知王颖对这种娱乐综艺节目

很排斥，邓文迪便给导演做起了思想工作，还给李冰冰交代了任务："光我说也没用，冰冰，你也应该去说。"邓文迪怂恿李冰冰去劝说导演。

自 2008 年开始，邓文迪已不再满足于全职太太的角色，她与米高梅电影公司总裁夫人、马来西亚华裔弗洛伦斯·斯隆组建了一个独立电影制作公司"巨足"，准备大举进入影视行业。

《雪花秘扇》的影片改编权是邓文迪一早就买下的，在推广电影《雪花秘扇》期间，找演员，建班底，筹资金，完成电影《雪花秘扇》的拍摄等，邓文迪没花丈夫一分钱。邓文迪在接受记者采访时说，中国现在是第二经济大国，国外是"中国热"，很多人都想了解中国。通过电影这个大传媒，中国文化比较容易为人接受。

2011 年，《雪花秘扇》正式上映后，邓文迪的电影之路由此开启。邓文迪与她的合伙人洛伦斯·斯隆和索尼电影公司也接近签约阶段，准备发行她们的第二部电影——根据中国钢琴家郎朗的回忆录《千里之行》改编的作品。

毫无疑问，邓文迪为她的第一部电影付出了很大的努力。2011 年 6 月 12 日晚，《雪花秘扇》剧组在上海举行了名为"秘扇之夜"的狂欢派对。

由邓文迪主办的"秘扇之夜"没有邀请媒体，仅限于中外政商、文化界的内部聚会。现场充满了精心设计的中国元素：古色古香的桌椅，用发光灯管做成的硕大扇子。舞台上，一个穿着旗袍的红发外国女子拉着小提琴，空中不断有雪花飘下……

据悉，整个派对全部由邓文迪邀请来的外国公关公司设计，仅差旅费便高达 100 多万元人民币，而总花费则高达 500 多万元人民币。很多人告诉邓文迪，没有必要这样花钱，但她坚持要以最专业的水准，呈现一个外国人眼中非常中国化的派对。

当晚，邓文迪把李冰冰请上舞台，对现场的贵宾说："这是我们中国最红的演员李冰冰，希望她能从这个舞台上输出，成为好莱坞的大明星。"

好莱坞人脉，是邓文迪的优势。正因如此，作为制片人的她为《雪花秘扇》带来了前所未有的国际关注度。李冰冰说："邓文迪有能力把演员推到国际舞台上去。"

去美国补拍戏时，李冰冰住的地方距离邓文迪家很近。第一天，她便带李冰冰去看 Lady Gaga 的演唱会，希望她轻松下来。接下来几乎每天晚上，她都给李冰冰安排了很多活动，大多数都是和一些好莱坞的制片人、投资人见面。她希望李冰冰能够多去认识这些人。

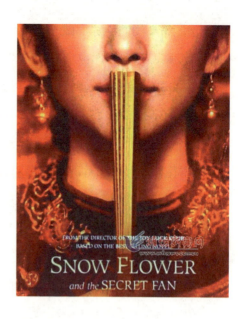

在她身边的工作人员看来，邓文迪一方面雄心勃勃，一方面又充满理想。她不仅要把演员带出去，还要把这部中国电影的影响力做到最大。

邓文迪与斯隆这股阴柔的力量，代表了在男性统治的好莱坞中崛起的女性制片力量。一位国外记者在今年戛纳电影节期间见到邓文迪和斯隆后写道："这两位女性独立制片人都是华裔，且都嫁给了美国媒体巨头。她们在戛纳的表现令人印象深刻：能言善辩，注意力集中，充分发挥女性优势，配合默契。"

众所周知，好莱坞是一个男女比例严重失调的产业。据统计显示，在好莱坞关键的幕后职位里，女性只占 16%。其中，女性比例最高的职位便是制片人，占 23%。鉴于主客观条件的限制，女制片人很少触碰高成本投入的商业大片，而是更多地尝试细腻的小成本独立影片。

罗燕是第一位好莱坞华裔女制片人。这位演过《红衣少女》、拿过百花奖的女演员，在 2001 年改编了赛金花的同名小说《庭院里的女人》，独立融资拍完影片。这部号称投资 8000 万元人民币的影片，无论在国内还是海外都反响平平。没有强有力的人脉、资源，好莱坞娱乐产业的大门很难敲开，此后，罗燕也淡出了制片业。

相比而言，邓文迪不是个典型的电影人，更像是个擅长利用资源、人脉、能力运作电影项目的人。她不是那种做预算、卡投资，会关心到剧组方方面面的制片人。去年，邓文迪为《雪花秘扇》来中国五六次，每次停留 1 个星期或 1 个月，视丈夫、孩子的情况而定。据身边工作人员透露，她在电影上投入的时间并不多，大量琐碎的事情都交由专门团队打理。

《雪花秘扇》是邓文迪作为独立制片人的起点，却不是她事业的终点，说实话，相比同期的其他好莱坞大片，《雪花秘扇》确实反响平平。影片《雪花秘扇》在中国内地上映的首周共收获 1700 万元票房，上映两周共获得 3220 万元的票房收入。而影片在美国的市场只收获了 134 万美元的票房收入。与邓文迪的高投入相比，显得收效甚微。

但不管取何种角度观察，在近千年的时代女性中，邓文迪都是一个无法被覆盖的样本，一个注定走向时代巅峰的存在。

6 月 12 日，邓文迪与拍摄过《盗梦空间》的传奇电影公司首席执行官托马斯·图尔、凤凰影业总裁麦克·麦德沃一同坐在上海电影节的论坛上。当天论坛的议题是"中国梦"，探讨外国电影人如何实现来中国掘金的梦想。"在中国拍片很便宜，没有工会制度，还有很好的制作团队。相比好莱坞，他们的工资比较低，并非常善于学习。"邓文迪认为，这是来中国拍片的吸引力。

"中国梦"是下一个世界热点。邓文迪跟着丈夫默多克到过很多地方，几乎每一个见到她的人，都在打听中国的情况，问中国的机遇、中国正在发生什么。甚至法国前总统萨科奇也问过邓文迪同样的问题。

"我希望为中国和好莱坞牵线搭桥。"邓文迪说。

业内人士认为，如今许多国外电影人已把目光转向中国，但因为政策制度限制，以及不熟悉当地的文化，他们还不敢大规模投资。而邓文迪的出现，无疑给了很多项目落地的机会，她很可能会成为一个中西方文化能量的输入点。

第一章 真实之谜：多面解读邓文迪

邓文迪在世界上具有的重要地位有目共睹，邓文迪显然也是知道这一点的，她自然也会紧紧抓住这一点，让自己的价值发光发热！

第四节 传奇——关于邓文迪

大家议论邓文迪，最多的还是关于输赢。而对于邓文迪的得失，歧义很多。

2011 年，默多克新闻集团旗下公司陷入"窃听门"事件，在英国议会举行的相关听证会上，董事长默多克遭人用剃须膏攻击，邓文迪"英勇救夫"的举动被媒体传为佳话，"虎妻"邓文迪由此得名。伴随这一符号，邓文迪走向新闻集团前台，开始积极参与新闻集团公司事务。

从在法庭上掌掴对手挺身救夫，而被赞誉为"年度最佳护夫品"，到被清理门户沦为年度最瞩目离婚案的女主角，邓文迪在公众和夫婿眼中的形象天翻地覆。

但是不管她掌掴对手还是被清理门户，对于默多克都是好事。两个事件两度导致新闻集团的股价止跌反弹，从中可以看出，在邓文迪和默多克的战争中，默多克绝不是落败的一方。

看了邓文迪许许多多的故事，总有人认为邓文迪这个女人如一团永不消散的迷雾，有人赞叹着她剽悍的人生不需要解释，羡慕着她的传奇人生，但同时也有人一边仰望一边责骂。而有时候，在所有人都没有发现的时候，邓文迪也许只是一个普通的中国女子。

邓文迪本人的经历，是励志故事的典范，她在 30 岁之前就实现了自己的美国梦。用她自己的话来说，在她身处的那个年代，女性必须去接受好的高等教育，才可能改变自己的境遇，"读好了书，才能嫁好老公"。

在邓文迪与默多克离婚之时，所有人都发现那个光鲜亮丽的邓文迪憔悴了不少，她那张脸和眉宇间展露出丝毫不加掩饰的怨怼、凉薄和不

巨人之路

谜一样的女人：邓文迪传

开心。这样的表情，显然比一本五百页的个人传记蕴藏着更多的秘密。

2008 年，邓文迪以一身黑色抹胸裙登上了《时尚芭莎》的封面，《时尚芭莎》的主编亲自与邓文迪对话。

在那次采访中，邓文迪提到了她的家庭以及她的成长经历。邓文迪从小家庭环境非常贫苦，她对她的美国朋友讲过这样一个故事：一个出生在中国贫困地区的女孩，小时候很少能吃到肉。她一直有个梦想，那就是"有一天能够到美国，变成富人，天天吃上肉"。

而且邓文迪家里小孩特别多，父母似乎并不是很疼爱她，小时候甚至把 15 岁的邓文迪一个人留在徐州上学，不过那个时候邓文迪一点也不觉得苦，反而认为自己可以独立生存，十分骄傲。

邓文迪从小就很明白，生活不止眼前的苟且，想要过上好日子，除了自己努力奋斗以外是没有其他任何办法的。所以她努力学习，成绩优异，直至拿下常春藤名校耶鲁大学的 MBA。

假如抛开邓文迪所有的华丽光环，其实我们看到的只是一个结过两次婚，交过几个影响力大的男朋友，事业有成的女性形象。哪怕邓文迪没有和默多克结婚，凭借着邓文迪坚忍不拔的奋斗精神和辛苦多年取得的高学位，她一样会是人中龙凤。

显然邓文迪实现了她的心愿，并且是大大超过了她的心愿。但在这

世界上有一个词叫做相形见绌。

但是邓文迪偏偏就是嫁给了默多克。邓文迪的前夫鲁伯特·默多克也是一位传奇人物。他1931年3月11日出生于澳大利亚墨尔本以南30英里的一个农场，毕业于牛津大学伍斯特学院，是世界报业大亨，美国著名的新闻和媒体经营者，新闻集团主要股东，董事长兼行政总裁。

以股票市值来计算，新闻集团已是世界上最大的跨国媒体集团，亦称为"默多克的传媒帝国"。

默多克报业集团的投资极为广泛。除出版业外，从宣传媒介到电视台到石油钻探、牧羊业等都有涉足。早在20世纪70年代，默多克在澳大利亚国内已拥有悉尼电视第十台、墨尔本电视第十台和安塞航空公司50%的股权，并经营欢乐唱片公司和图书公司等。

短短的三四十年间默多克将其发展为跨越欧、美、亚、澳几大洲，涉足广播、影视、报业诸领域的传播媒介帝国。在他的麾下，既有久负盛名的英国《泰晤士报》，也有美国电影界的大腕级电影公司——20世纪福克斯公司。

邓文迪可以说是一个很有雄心壮志的女人，自身也很有能力，但在其如此优秀的丈夫的衬托下，邓文迪显得是那么的平淡无奇。甚至在《雪花秘扇》反响平平的时候，邓文迪还一度遭到默多克公司员工的诟病，认为邓文迪能力不足，不应该让她担任MySpace中国负责人。

在邓文迪与默多克结婚的前几年，邓文迪确确实实是安心在家里做家庭主妇的，她为默多克孕育了两个活泼可爱的女儿，每天围着丈夫打转，默多克带她去哪儿她就去哪，简直就是默多克的一个影子。

命运是一首狂想曲，对于邓文迪来说更是如此，很多人说邓文迪利用感情，但有没有可能邓文迪只是不擅长维持感情？

当看到邓文迪那样心有猛虎的女战士放弃事业相夫教子，为爱人洗手做羹汤的时候，我们如何能不相信邓文迪没有爱过？但似乎爱情对于她就像是伊甸园里的禁果，看得到，吃不得。一旦吞进肚子里，下场将

是万劫不复。

在与默多克结婚后几年，邓文迪选择了重新回到职场。

一个男人往往越成功越受欢迎，而一个女性越成功，越不容易被人喜爱。

这是一条亘古不变的真理，就在邓文迪的事业不断地发光发热的时候，默多克选择了与邓文迪离婚。婚外情的传言无论真假，但其实在婚外情的传言传出之前，邓文迪与默多克已经分居许久，而原因恐怕就是因为重回职场的邓文迪越发强硬的气质。

很多人说邓文迪的上位史十分的不光彩，但是她的成功也代表了很多女孩子的梦想。邓文迪最聪明的地方就是她很清楚地知道自己想要的是什么，并且能为之不断努力学习，她并没有仅仅满足做一个传媒大亨的妻子，而是把自己修炼成一个铿锵有力的强者。

即使是在亿万富翁丈夫的身边，邓文迪也没有只安心做一个豪门阔太，任由金钱腐蚀她的灵魂。喝茶看报并不是邓文迪的追求，她想要的是作为一名女性在社会上发挥自己真正的价值。

《时尚》《名利场》都在肯定邓文迪越来越会穿衣服，而且认为她毫不逊色于任何一位地道的"中国名媛"，尤其是她不掩藏自己的观点，也乐于展示自己强势的一面。

邓文迪的强势或许是他们夫妻感情不和的导火索，默多克性格温和、冷静、喜欢安静，而邓文迪在社交界和生活中都表现得十分高调和强悍，不仅控制着默多克的饮食，还对两个女儿的教育采用纯中国式的"灌输式"，让她们在家中只能讲中文。

默多克前妻的孩子要探望父亲甚至要获得邓文迪的许可，而这些都种下家庭不和的种子，直接或者间接地导致了邓文迪婚姻的破裂。

或许邓文迪是一个适合谈恋爱的女子，却不适合与之走进婚姻的殿堂。

当邓文迪与默多克的婚姻结束后，几乎所有人都在嘲笑她婚姻上的滑铁卢，但当默多克忙于向世界炫耀他的第四婚时，邓文迪的高调秀年轻男友，无疑打了一场漂亮的反击战。

她又重新向世界证明：她邓文迪不是一朵软弱的小花，哪怕是花，她这朵铿锵玫瑰身上也是长满倒刺，如果有人要伤害她，她也要狠狠地剜下对方一块肉！

谜一样的女人：邓文迪传

第二章 人之初，邓文迪身世之谜

第一节 邓家有女

一、一个女子的诞生

1968 年，本该是最平常的一年，但又是注定不平凡的一年。

就在这一年，邓文迪出生了。

邓文迪的父亲邓德辉是广东东莞人，曾担任徐州国营机械厂的中层干部，母亲是山东济南人，是一名工程师。作为邓德辉的第三个孩子，邓文迪上边有名唤邓瑜与邓准玲的两位姐姐。邓德辉原本是给这个孩子取名"邓文革"，一个充满时代感，不知叫人该爱还是该恨的名字。而这个名字冠在他的女儿身上十余年，在邓文革考入大学之后，才改名为邓文迪。

在邓文迪与默多克结婚后，许多人都认为邓文迪是中国政府高官的的女儿，认为她身份神秘，背景强大。但事实上，邓文迪也在一次采访中提到过：她是典型的灰姑娘，小时候家里特别穷，家里没有任何电器，小小的房子，几乎没有吃过肉。这一切，都透露出邓文迪小时候生活的艰辛。

也许正是因为小时候过过这样艰难的日子，长大后的邓文迪才会对金钱和权力有如此强烈的执念，乃至于不择手段也要站在顶峰。有很多人就是这样，因为知道失败是什么样的，才会拼了命地想要成功。这也就是为什么在温室里长大的花朵，甚至熬不过一场夜雨。

这就是人性，吃过苦的人不会想要再去过苦日子，所以这样的人总是憋着一口气，拼命地往上爬。他们再也不想经历以前的困境。

巨人之路

谜一样的女人：邓文迪传

人们总说这样的人坚韧，其实他们哪里是坚韧，他们只是害怕，害怕自己那么久的努力付之东流，怕自己又一朝回到解放前，所以才会拼了那一口暗劲，执着地奋斗。

　　现在的邓文迪光芒万丈，受尽男人的追捧，有女儿、有朋友，事业成功，爱情虽不算圆满，但足以令世人仰望。而小时候的邓文迪却并不是一个公主，邓家有女，却生错了时代与家庭。

　　邓文迪的父亲是广东人，广东是一个很神奇的省份，它位于中国的东南沿海，西方文化不断地涌入中国，广东自然一马当先地成为了文化交融地。

　　但真的很难置信，随着西方文化的不断渗透，中国许多内陆城市都已经难以保留自己的传统文化习俗，但就保留传统这一点，广东做得很好。哪怕是在文化交战的最前沿，那些传统的风俗习惯依旧被广东人完整而固执地继承了下来。

　　这也许就是广东人骨子里的守旧性，这样的守旧性在 20 世纪 60 年代的中国，在中国与西方文化还没能直接面对面接触的情况下，越发强烈。我们得承认，中国传统文化源远流长、博大精深。但与中国传统沾边的偶尔也会有一点点糟粕。

　　譬如封建迷信，再譬如重男轻女。

　　生命本是不分贵贱的，中央电视台曾经拍过一套纪录片，名为《陇东婚事》，"桃之夭夭，灼灼其华，之子于归，宜其室家"。这种最古老最美好的祈愿，每个人都有权利去实现。但是在该纪录片里却道出了在陇东地区男女比例严重失衡，大龄单身男性结婚难的现象。而最根本的原因就是重男轻女的落后思想，导致女孩早夭严重，女性数量稀少，男女比例高达 5：1。

　　而邓文迪的父母就是在那个时代背景下，继承了这些传统糟粕的一代人。邓文迪是第三胎，前面两个又都是女儿，所以邓德辉和妻子都盼望着他们的这个孩子是个男孩儿。在那个年代，男孩代表着传宗接代，

代表着生产力，代表着这个男人的妻子是有用的；而女孩，什么也代表不了。

邓文迪就是顶着这样的压力出生的。

还好，邓文迪的父母并没有掐死她，不过在邓文迪的童年也实在是得不到父母多少的关爱。

在那个时代，那个社会，并不乏这样的女孩子，她们带着万千期待出生，但迎接她们的是无尽的失望和没由来的指责。她们生而无罪，但天长日久，她们在无边无际的指责里，接受了自己"深重的罪孽"，活得卑微而小心。

但邓文迪绝不是她们中的一员。在这个社会里，有人注定被时代淹没，就像有人注定会踩着时代前进。

二、父亲——人格引导者

俗话说："父爱如山"。对于孩子来说，父亲这个角色向来意义重大，他们不仅是孩子幼年时期的保护神，呵护着自己的孩子健康成长，他们更是孩子人格的引导者。

邓文迪的父亲邓德辉是高级知识分子，收入不算顶高但工作稳定，尤其是在改革开放以后，国家经济迅速发展。一厂之长的邓德辉更是抓住了这个契机，顺应改革的大旗一举摆脱了经济上的困难。事实上改革开放以后邓文迪的家庭不算宽裕，但也绝不算是社会底层待遇。

邓文迪曾在采访中谈起，在改革开放后几年她家里就有了第一台电

视机，要知道在那个年代，"万元户"可以名动千里，十里八村可能都没有一台电视机，而邓文迪家就有一台。

经济宽裕的家庭向来鲜少苛待孩子的教育，是以在那个腐朽气息依旧浓厚的时代，身为女子的邓文迪仍旧踏进了学校。

邓文迪从小就知道父亲母亲不喜欢她，而原因，追根究底无非就是因为她是女孩子。

所以邓文迪从小就特别努力，她努力学习、努力懂事、努力凡事做到尽善尽美，她希望得到父亲的认可。她想向她的父亲证明：她是一个女孩儿，但她不比任何一个男孩差！

邓文迪说："我是一个积极进取、凡事追求完美的人。无论做什么，我都尽心尽力。在家人和朋友需要帮助的时候，我总是随时伸出援助之手。人生充满跌宕起伏，不管顺境还是逆境，我都会找到美好的东西，使生活尽可能地完美。"

这句话包含的信息非常丰富，我们可以来解读一下。

邓文迪说她凡事尽心尽力。要知道一个人要无时无刻都做到尽心尽力是一种很辛苦的状态，这需要这个人随时都保持高度的注意力和做事的热情，而这两者做到其中之一已经很难，更何况还要一直保持住，更是考验一个人的意志力。邓文迪这样的做事态度显然是从小就养成的，这与她从小的生活有很大关系。

邓文迪还提到："在家人和朋友需要帮助的时候，我总是随时伸出援助之手。"会随时随地帮助亲友无疑是一种很善良、很乐于助人的举动。但邓文迪是这样一个善良的人吗？

或许女子生来心软，骨子里就镌刻了一份善良。但在权力与财富的漩涡中心摸爬滚打了那么多年的邓文迪哪怕骨子里仍有这份善良，恐怕也磨得所剩无几。那么她为什么还要"随时伸出援助之手"呢？

邓文迪还说她"凡事追求完美"，但人之所以会追求完美，无非两个原因：要么是闲得没事做，要么就是人生有太多的不完美。

邓文迪显然不是第一种。

邓文迪作为一个女孩子来到人世间，亲友不爱，父母不疼。邓文迪的傲气是从骨子里透出来的，她想要得到所有人的重视。所以她只有把一切都做到完美，才能得到亲朋好友的赞赏以及父母的鼓励。对于小小的孩子来说，没有什么比这更重要的了。

邓文迪或许生得渺小，但这并不妨碍她活得耀眼。

尤其是父亲对邓文迪的不喜爱其实是一根隐形的刺，深重而牢固地插在邓文迪的心头，并且，这根刺伴随着年龄的增长会不断地加深加粗，带着钝痛激励着邓文迪努力前进。

其实大多数的父母都并不了解自己的孩子，但绝大部分的孩子却总是把自己的父母看得很透彻。由于对邓文迪与生俱来的偏见，邓德辉早些年间几乎看不到邓文迪的一丝丝优点，但邓文迪渴望得到父亲的关注与赞美，这应该就是邓文迪小时候刻苦努力的动力源泉。

所以邓文迪总是对亲友伸出援手，凡事尽心尽力、追求完美，因为她要让所有人看到她的存在，认同她的存在。

在一次采访中，当有人问起邓文迪的父母时邓文迪说：

"我小时候父母对我特别失望，因为父母觉得我没有用。"

记者："他们现在不会对你失望了吧？"

邓文迪（笑）："现在不会。"

没有人生来就喜欢辛苦地奔波，小孩子最喜欢的一定是游戏而不是勤劳刻苦。邓文迪的父亲对她的失望促进了她的人格形成，但这样的成型经过一定伴随着心酸与苦楚。

抛开邓文迪所有的光环，其实她也只是一个努力想被父母夸奖表扬的可怜孩子。

我们不能过于批判邓文迪的父母的思想，因为那是那个时代的主流思想，甚至现在都还有一些地区仍是如此。尽管这是一种很可悲的社会现象。

邓文迪的父母只是这样的社会洪流中的一员，其实邓文迪的父母在那个年代里已经算是很好的了，至少邓文迪衣食无忧、吃穿不愁，还有机会进入学校。但是正因为如此不良的社会风气，邓文迪从小到大也没有得到过父母的多少关爱。

我们不能说邓文迪的父母对她毫无关爱，到底是骨肉至亲，血脉相连，子女与父母怎么可能没有感情？但中国的父母向来是善于隐藏的高手，他们宁愿用棍棒教会自己的孩子成长，也不愿向孩子袒露自己内心的柔软与爱。

显然，小时候的邓文迪其实是非常在乎父母对自己的看法的。

邓文迪的傲气也许就是来源于此，为了得到父亲的认同，她全力以赴，努力把任何事都做到最好，她努力活得优秀，优秀到被人仰视，优秀的人凭什么不该骄傲？

第二节 家与悲

一、酸甜苦辣的童年印象

"人之初"这三个字可以决定很多人的一生，阿姆斯特朗小时候跟他的妈妈说他想要飞到月球上去，然后他就真的成为了全球第一位登上月球的人类；莱特兄弟小时候跟他们的爸爸说他们想飞上天，于是他们长大后就发明了飞机。小孩子都有无穷的天赋与潜力，问题只在于父母是如何对他们进行培养的。

邓文迪的父母都是工程师，也是典型的中式教育家。邓文迪家里对孩子的教育非常严格，除了功课要学好、考试要考好，每天还要背书，背不出来就不许吃饭，学习就成为了邓文迪的第一要务。那个时候邓文迪满心想要上大学，认为只有上了大学才能过上好日子。

因为性别，邓文迪的父母并不喜欢她，在邓文迪的回忆里几乎没有一点父母的慈爱，她所记得的绝大部分都是她努力地学习上进，乞求着父母的一丝赞赏与怜爱，但父母对她的回应向来只有冷漠与更加严厉。

但是邓文迪从来都相信，父母的严厉都是为了她好，都是为了给她一个好的未来。在媒体面前，邓文迪从来对她所受的教育都是心怀感激。

但是对于一个孩子来说，邓文迪心里一定是不快乐的。家庭条件的贫苦她可以忍受，那是时代背景如此，她不可以改变。但是父母的不关心不重视给她带来的伤害，远比一个月吃不上肉带来的煎熬要大上许多。

当年邓文迪的目标是医科大学，当被问起为什么要考医科大学时，邓文迪回答说，因为两个姐姐学的都是工程，如果她学医的话，以后可以照顾好父母。

有这样一个故事：有一个大款儿子，母亲老了，牙齿全坏了，于是他开车带着母亲去镶牙，一进牙科诊所，医生开始推销他们的假牙，可

巨人之路

谜一样的女人：邓文迪传

042

母亲却要了最便宜的那种。医生不甘就此罢休，他一边看着大款儿子，一边耐心地给他们比较好牙与差牙的本质不同。

可是令医生非常失望的是，这个看似大款的儿子却无动于衷，只顾着自己打电话抽雪茄，根本就不理会他。医生拗不过母亲，同意了她的要求。这时，母亲颤颤魏巍地从口袋里掏出一个布包，一层一层打开，拿出钱交了押金，一周后再准备来镶牙。

两人走后，诊所里的人就开始大骂这个大款儿子，说他衣冠楚楚，吸的是上等的雪茄，却不舍得花钱给母亲镶一副好牙。正当他们义愤填膺时，不想大款儿子又回来了，他说："医生，麻烦您给我母亲镶最好的烤瓷牙，费用我来出，多少钱都无所谓。不过您千万不要告诉她实情，我母亲是个非常节俭的人，我不想让她不高兴。"

有这样一句犹太谚语：父亲给儿子东西的时候，儿子笑了。儿子给父亲东西的时候，父亲哭了。

无论舆论对邓文迪有什么样的评价，或好或坏，或善或恶，唯有一点是所有人都不能否认的，那就是邓文迪是一个孝女。

无论邓文迪小时候经历了怎样的酸甜苦辣，在她的心里对父母亲人的爱从未有一点消散。在邓文迪的事业成功以后，她立刻就把她的父母接到了美国，尽心服侍。虽然后来邓文迪的父母过不惯国外生活，执意回国，邓文迪对父母的关心一点也没少，每次回国基本上都会去看望父母，在物质上也给了父母最大的保障。

说不清邓文迪的父母在她幼年时过分的严厉究竟是重男轻女的偏见，还是望女成凤的期望，那只有邓德辉夫妻自己知道。但邓文迪对待父母那颗感激却又卑微的心却是所有人都看在眼里的。无论什么时候，只要有人问起邓文迪的父母，她高傲的头颅就会一下子低下来，就像一个等待父母批评指正的小孩子，用词也不再那么的生硬尖锐，邓文迪的棱角仿佛在瞬间就被磨平了，她依旧是父母的小女儿。

或许正是因为邓德辉夫妇从小对邓文迪便是一直若即若离、不冷不热的态度，邓文迪小时候对亲情时常怀有一种渴望却又不敢触碰的心理，小孩子当然希望亲近自己的父母，可邓文迪又不敢靠近他们，只能远远观望着。

但邓文迪又是一个特别执着的人，对于求之不得的东西，她的心里就像住了一只小猫，每天在她的心里挠啊挠，让她越发的渴望。

邓文迪对亲人向来珍惜。

就连默多克那个从未认可过邓文迪这个儿媳妇的老母亲，邓文迪依旧将她视若亲人。当她提起这位近 100 岁的婆婆时，邓文迪带着一丝崇拜神采飞扬地说道："她每天都自己开车出门，可拉风了。"小女儿情态尽显无疑。

如邓文迪这般的女人，从小就没有感受过多少的亲情，正因为没有得到过，才会心向往之，心中藏之，无日忘之。

或许有人质疑邓文迪的爱情观有问题，但是邓文迪对于亲情从来都是重视的。

亲情、爱情和友情作为伴随着人从出生到死亡的三大情感，从来没有人全部圆满地拥有过。比如朱自清，他的亲情一直都在，可他自己却只有在不得不远走他方的时候才感悟到父亲的背影是那般的萧瑟；再比如三毛，她的爱情轰轰烈烈荡气回肠却未得圆满；还有张爱玲，终其一生兜兜转转，但亲情、友情、爱情都没有眷顾她，年老时也只能感叹"人生如此薄凉"。

其实这三种感情能得到一种已经是万幸，固执地想要全部攥在手里，等到失去时该是何等的绝望。

对待感情最幸运的状态应该就是且行且珍惜，当某种珍贵的情感眷顾你时你珍惜过，当你失去时也能摸着胸口说一句：问心无愧。

有人说邓文迪对待爱情轻浮，但事实上，邓文迪珍惜所有她拥有的感情，失去的她放手也放得潇洒。小时候父母不疼她，她就一边期待着一边努力着。当父母终于在与女儿聚多离少时散发出他们浓烈的情感时，

邓文迪小心收藏，全心回报。

生活总有酸甜苦辣，有人深陷其中不能自拔，有人苦中作乐回味珍惜。有时候我们不应该过分地苛责那些在痛苦时不流泪的人，因为也许只是有的人泪光映在脸上，有的人刻在心里。

二、叛逆者

所谓双重人格是指正常人在相同时刻存在两种（或更多）的思维方式，其中，各种思维的运转和决策不受其他思维方式的干扰和影响，完全独立运行。

双重人格是一种严重的精神疾病，但现实生活中，由于生活压力越来越大，很多人都有这种类似于人格分裂的倾向，他们需要分裂出不同的人物性格来应对不同的生存环境。或许没有达到精神疾病那么严重，但是对于不同的人物场景，同一个人常常会表现出两种截然相反的态度。

比如邓文迪，在父母面前，邓文迪是绝对的小绵羊、好孩子，不管父母说什么连大气都不敢出。

而假如脱离了父母到了学校或者职场，邓文迪绝对会是不折不扣的叛逆者。

有一种说法：越乖的孩子叛逆起来越疯，尤其是聪明的乖孩子。

对于孩子来说，玩耍才是永远的渴望，没有之一。邓文迪为了得到父母的青睐压抑了自己多少的天性努力学习，等到她开始叛逆时，这些她所压抑的玩心都会加倍爆发。

邓文迪在学校时因为 1.75 米的高个子，成为了学校排球队的主攻手，最拿手的就是扣杀。这样的邓文迪骨子里就是带着攻击性的。在幼年坎坷不平的前行路上，邓文迪就是带着这样一股冲劲儿有时咬牙坚持，有时叛逆反抗着不断往前冲。

在邓文迪成长的年代，需要这个小小的女孩子反抗的东西实在太多。

但千差万错，最不该的还是她是个女孩。

现在的社会日新月异，发展迅速。随着经济的发展，人们的思想层面也不断地完善，重男轻女的落后思想在很多地方尤其是大城市里基本上不见踪影。所以很多人也许感受不到这样的思想，尤其是有这样思想的人对女孩子造成的巨大伤害。

网上曾经有这样一个帖子为同学打抱不平：同学大三的时候，她的弟弟16岁，肾脏查出来有问题，但不是特别严重。医生刚说完"你儿子肾有点毛病"，她妈妈就马上说："严重吗？会威胁到生命吗？我儿子是我们家的希望，他不能有事。需要移植吗？我女儿很健康，可以移植。"女同学也在场，这些话是当着她的面说的，一句都没有商量过。医生都看不下去了，说她太瘦，身体可能看起来不像很好。她妈妈说："没关系，需要的话就给她养身体。"亲妈说出来的话，给女儿养身体是为了换个肾给儿子。

生活在21世纪的人可能已经不能明白这种赖活着不如好死的生活状态。这不仅是身体上会对女孩造成伤害，那些尖厉的语言、带刺的话会慢慢地带着剧痛磨掉一个女孩生活的勇气和生存的自尊。

人可以活得贫穷，但绝不可以活得卑微。

贫穷是一个不可更改的外在物质条件，有时候不优越的物质条件并不是一件坏事，它可以在一定程度上激励人们发奋努力。但卑微会像毒药，一点一点腐蚀一个人独立坚强的希望。

这是一种极其不好的状态，一个人一旦习惯了卑微，就很难再抬起头生活。

邓文迪最大的叛逆就体现在此，她要反抗这种卑微的生活！

邓文迪本来就是排球队的主力，体育成绩非常好，她完全可以走体育专长的道路。但邓文迪明白，她需要读书，只有知识才能改变命运，所以，本来为了打排球成绩迅速下滑的邓文迪每天半夜挑灯夜战，只为了补上自己落后的学习成绩。

邓文迪可以让自己拼命学习，但她不可能让那些看不起她的人因为她的学习成绩而对她刮目相看。所以邓文迪决定出国，她要去美国，因为在美国女权运动已经轰轰烈烈地展开，在美国，她可以做一个独立自强的女性，而不是男人的附属品。

邓文迪或许从不敢反抗她的父母，但也绝不能说她对父母完全没有怨恨。但父母就是这样一种奇怪的生物，纵使你满腔怨愤，你也从来不敢对他们高声言语。

所以，当堪比父亲的杰克·切瑞出现的时候，邓文迪叛逆的心瞬间崛起，不仅彻底激发了她想要去美国的强烈愿望，而且，如父亲一般温柔宽厚的杰克给予了从小独自苦苦挣扎的邓文迪强烈的安全感。对于这个久经风月的老男人，年仅 19 岁的邓文迪怎么可能不动心呢？

在邓文迪与杰克的这段感情里，杰克·切瑞主动的可能性绝对大于邓文迪。19 岁的少女憧憬的怎么也该是白马王子，而不是一个五十多岁的老男人。也正是因为这段婚姻，很多人说邓文迪"为获绿卡，小三上位"。但冷静下来仔细想想，为什么就不能是他们真的产生了感情呢？既然有了感情结了婚，哪怕最后是个离婚的下场，都说一日夫妻百日恩，杰克·切瑞帮邓文迪拿到了绿卡，自己又没有什么损失，为什么就不能帮这个他曾经为之心动的中国女孩一把呢？

如果说默多克是邓文迪一切荣耀的来源，杰克·切瑞就是邓文迪所有诟病的起点，这段以邓文迪的叛逆开始的感情，她也为之付出了极大的代价，至今都被冠上小三的骂名。

中外媒体包括网民对邓文迪这段婚姻基本上都是持批评否定的态度，但事实上，中外两方对邓文迪的批评的方向却大不相同。

国内的媒体大多批判的是邓文迪的婚姻观，指责她介入恩人的婚姻，拆散别人圆满的家庭。在中国人眼中，杰克·切瑞是资助邓文迪出国念书的恩人，而这位恩人原本和妻子琴瑟和鸣，有孩子承欢膝下，家庭美满。而让中国人最接受不了的是邓文迪不仅拆散了杰克·切瑞的家庭，与杰

第二章 人之初，邓文迪身世之谜

克结婚后不过几个月，邓文迪又抛弃了他，转投向男青年沃尔夫的怀抱，这样的邓文迪在大众眼中，就成为了一位不折不扣的红颜祸水。

试想一下，假如邓文迪没有同杰克结婚，而是安安静静地在美国深造，取得 MBA 后，通过正常的途径获得美国绿卡，再在工作中偶遇了传媒大亨默多克，并与之成就了一段良缘。如果是这样，会不会就不会有那么多的人对邓文迪进行责骂了呢？

假如命运真的如此眷顾邓文迪，那么此时此刻我们应该也不会对邓文迪这个名字耳熟能详，她应该会同千千万万的美籍华侨一样，相夫教子，做一个大学教授或者企业高管，每年带着自己的丈夫与孩子回国一趟，接受亲人羡慕嫉妒恨的眼光。普普通通、平平淡淡。

但邓文迪走过的人生路从来都不是平坦的大道，她前进的每一步都踩进泥淖里。命运对她有多猛烈的不公，她便会加倍反抗，作为一个叛逆者，狠狠地给予命运一击。于是有了中国人眼中红颜祸水的邓文迪。

而国外媒体更多的则是对邓文迪上位手段的批评，甚至连带着否定了邓文迪与默多克的婚姻。

在西方人眼中，邓文迪首先是个坏人，但其次她更是个女人。这与东西方文化的不同有很大关系。东方人自古以来就被小农经济滋润，向往安定和平，安居乐业，家庭和美是最大的幸福。所以作为离间他人婚姻的邓文迪自然是罪无可赦。但西方人是以海洋文化发家，他们的家庭文化具有很大的不稳定性，分分合合的婚姻在国外都是常态。

所以西方人很少会质疑邓文迪有几段感情，感情中是谁先提的分手等问题。他们关注的重点是邓文迪是如何从一个中国普普通通的女孩一步一步爬到今天的位置的。当中国人在谴责邓文迪的婚姻观的时候，外国人在谴责她靠男人逐渐变得强大的成功方法。

有人说邓文迪利用感情，但其实邓文迪从小就是一个不被情感庇佑的人，没有谁给过她炙热的情感。比起人们说的邓文迪是个玩转感情的高手，她其实更像是一个不会处理情感问题的新手，所以才会留下那么多的毛毛躁躁，让人诟病。

　　只能说邓文迪是一个不折不扣的叛逆者，她在羽翼尚不丰满的时候就选择了出门闯荡，现实给予了她的叛逆以沉重的打击。但她仍旧在叛逆、在反抗，直至今日。

第三节　不能生在女子的时代

一、女将军之魂

　　谈到邓文迪，第一个会联想到的就是花木兰，这两个跨越了时空地点的女子看起来是那么不同，却又那么相似。

　　邓文迪与花木兰都是生来就应该与命运厮杀的女子，她们要做的不是学习如何去变得强大，而是要拂去自己身上的尘埃，让她们原本就强大的内心闪闪发光，铮铮作响。

　　花木兰与邓文迪最令人敬佩的地方就在于，她们在一个不属于自己的时代，活出了女性应有的强大。

　　在邓文迪声名大噪以后，有这样一篇描写邓文迪的文章——《路过邓文迪》。文中描述了邓文迪童年的生活光景，还走访了众多邓文迪小时候的老师和同学，几乎完整地勾勒出了邓文迪的往昔岁月。

　　红色墙砖爬满黑色灰尘，显眼处几行横七竖八的标语："不要乱丢垃圾""偷衣服的人变态"……楼前杂草丛生，楼内传出炒菜的市井之声，小区楼宇间，两排蔬菜摊一字排开。这座 20 世纪 70 年代的三层小楼里藏着邓文迪貌不惊人的童年。

　　三单元 201，不过 50 平方米，住着邓家六口人。这是一户"书香之家"，父亲是机械厂的中层干部，母亲是工程师，"家里有别家没有的书柜，她姐姐那时就学拉小提琴了"。

可以说邓文迪的童年并不太美好的。

但邓文迪忍耐了下来，生活已经如此的艰难，但她别无他法，唯有忍耐。她只有在忍耐中努力前进，走出困苦。

忍耐力是从不幸、颠覆性的变化甚至失败中有效恢复的能力。我们都经历过失败、不幸和绝望，这是生活的一部分，问题是，你是否因为这些不幸的经历而停下前进的脚步，或者放弃追求自己的目标。

海伦·凯勒说过："幸福的生活不在于逃避，而在于战胜苦难。"

独立卫生间的房子在 20 世纪七八十年代是罕见的，多少人还得半夜跑出门上旱厕呢！这栋当时专为当地知识分子家庭建起来的房子，如今成了一片高楼之间的洼地。

直到邓文迪进入徐州市第一中学后，邓家搬入六层的徐州市工程机械厂宿舍楼，三室一厅的居室才显得宽敞起来。

这两处住宅，在当年邓文迪"挺身护夫"后已经被当地媒体踏破门槛。当地两家都市报辟出热线寻找邓的师友，连载追踪多期。

在故友邻居的言谈中，邓文迪与她"书香世家"的形象似乎有些不同。

在旭光小区，邓家并不与人接触，父亲和善话不多，母亲有些清高，三女一子，两个姐姐文静，弟弟身体孱弱，要姐姐背着上学，唯独邓文迪只要一离开父母的视线就"很泼辣，争强好胜，凡事都要随她"。

小时候与邓文迪相互等着一同上学、放学，完成作业后在院子里丢沙包、斗树叶的玩伴表示："她就是好强啊，什么都要最好的。跳皮筋她都要最好的。"同学之间偶尔抱怨一句："考试好难！"邓文迪总像小大人一样回应："那也必须考好啊！"

1981 年，中国女排在第三届世界杯中首次获得冠军。随后几年，"五连冠"将中国在体育比赛中的荣誉推向顶峰。同样在 1981 年，邓文迪进入徐州青少年业余体校学习排球。中国排球事业迅速发展，对排球人才的发掘也在中国掀起一股热潮。

巨人之路

谜一样的女人：邓文迪

在邓文迪上高一的时候，1.75 米的身高让邓文迪在同龄人中显得十分扎眼。徐州市第一中学的排球教练蒋立模觉得她有排球基础，将其选入校排球队。随后不久，邓文迪和另外 15 名女孩一起被列入体校"省助重点班"。

对于排球，邓文迪当年一定是真心喜欢过的，这一点毋庸置疑。

要说起中国女排，就必须回到 20 世纪 80 年代的中国，那是中国女排的全盛时期。对很多"90 后"甚至"00 后"而言，这段岁月已经被尘封于历史之下，远远比不上现在电视上各色精彩的电视剧来得有感觉。

中国女排 80 年代最辉煌的战绩，就是"五连冠"。当时的女排教练袁伟民带领中国女排，在 1981 年的第三届世界杯中，以 7 战全胜的姿态，压倒卫冕的主办国日本，获得冠军。袁伟民、孙晋芳、郎平等分获最佳教练、二传和优秀球员等奖项。

那时候的女排姑娘几乎是全民偶像，每个姑娘都怀揣着"铁榔头"的梦想，早上 5：30 带着一个装着早饭的保温杯出门训练，7：00 结束后吃早饭；下午两节课结束后继续训练。作为一个爱运动的女生，邓文迪会心生向往毫不意外。

邓文迪的排球教练蒋立模曾经这样评价她："她学动作快，课后会单独来找我问，其他队员不会。"蒋立模常常故意找地上有脏水的位置扣杀，"别的队员会怕脏不救球，她不会"。

很快，邓文迪进入前排扣杀进攻的主力位置。一支球队有十六七人，上场的仅有 6 人，一般都是不停轮换。但邓文迪就有办法长时间留在场上，就是让人没什么可挑剔的。这个高个子、具有拼搏精神的女生所具有的排球天赋毋庸置疑。邓文迪所在的球队很快获得徐州市第一名，参加江苏省比赛夺得第二名。

蒋立模从电视里看到邓文迪 2011 年起身护夫的一巴掌，惊叹："那就是一个排球的扣杀动作啊！"

虽然邓文迪后来为了学习放弃了排球，但不得不说邓文迪确实是一

个打排球的好苗子。

二、磨炼开始

在邓文迪上初中时，邓德辉夫妇被调到广州工作，那时工作总是听组织调动，邓文迪的两个姐姐跟着去了广州工作，弟弟因为还小也跟着爸妈去了广州。只有15岁的邓文迪被留在了徐州。邓德辉夫妇当时给出的说法是因为邓文迪在读的中学很好，可以直接升高中，觉得这样对她的学习有好处。

15岁的女孩子一个人生活是一种什么样的状态？

每天6点她就需要起床，洗漱完毕，给自己做饭，吃完饭自己刷碗，然后就动身去学校。在学校里她必须努力学习，保证自己的成绩优秀，只有这样她才能继续被光环笼罩，才能让父母施舍她一缕眼角余光。

放学回到空无一人的家，面对空荡荡的房间，邓文迪只能沉默着打扫家务，然后挑灯夜战，继续学习。

在一个人居住的日子里，邓文迪离开了学校简直就像是一个哑巴，家里没有任何人与她交谈，晚上一个人居住的时候，打雷闪电她也是会害怕的，常常躲在墙角，瑟瑟发抖。

但是邓文迪并不是那种只会怨天尤人的孩子，她会慢慢学着习惯自己一个人的生活，并且以一种乐观的心态面对。

邓文迪说她上学自己住、自己做饭，为了省事就煮一大锅东西，吃上一个星期，一点也不觉得苦，相反觉得特自豪，不用父母担心，也能把自己安排得好好的。

那个时候，邓文迪给人的形象是别人家懂事的好孩子，与她现在的高姿态简直大相径庭。可以这样说，邓文迪用了前三十年来低调和学习，而后的时光用来张扬。

在父母不在身边的日子，邓文迪需要一些东西来填补心中的孤独感，

巨人之路

谜一样的女人：邓文迪

她选择了读书。

"书中自有黄金屋，书中自有颜如玉。"邓文迪在中学时期疯狂地爱上了阅读。爱读书的人内心都是有一个小世界的，他们读的书就是砖瓦，读什么样的书，内心的城堡就会被修葺成什么样子。

邓文迪那个时候除了教室和家里，去得最多的就是图书馆，天文地理，各类书籍邓文迪都来者不拒，简直就像一个杂学家。但邓文迪最喜欢的还是历史类书籍。

从历史的角度来看问题的人都是高高在上的，这一类人高傲，却又睿智。

纵观历史的长河，每一个王朝、每一个人物都是一颗浩瀚的明珠。从历史中我们可以读出所有的人生百态，世事辛酸。它可以囊括你所有的感伤与愤慨，却又可以为你的人生阴晴圆缺找到弥补和慰藉之法。

历史就是这样一个神奇的学科。

应该也就是在那个时候，原本与那个时代一般女孩子无二的邓文迪心态彻底变了。她不再是那个抱怨着父母，怨恨着时代的邓文迪，人生还长，天寒地冻、路遥马亡。如果她只拘泥于眼前的不幸，那么她的未来也不会有什么前途了。

韩信胯下受辱仍旧意志坚定，越王勾践亡国之际卧薪尝胆，司马迁受宫刑，在牢狱中才完成《史记》。邓文迪是个聪明的女孩子，她当然知道自己的命运必须掌握在自己的手中，挫折与磨难都是垫脚石，不断地助她走向成功。

或许这就是人与人之间的差别，看同样的书，有的人只会慨叹那些历史人物悲惨的命运，为他们不尽人意的遭遇愤愤不平。人生哪有那么多的抱怨，生命本就不长，抓紧时间赶路才是要紧的正事。

当然读书的作用远不止这一项。"读史使人明智，读诗使人灵秀，数学使人周密，伦理学使人庄重，逻辑修辞之学使人善辩。"中学时期的邓文迪仿佛掉进了书的海洋，她孜孜不倦、如饥如渴。

她用这些书籍打开了另一个世界的大门。在那个世界里，有烽火燎原、金戈铁马、铁汉柔情，也有飘摇海外、金碧辉煌、纸醉金迷。邓文迪看到了一个与她生活生存的封闭小城镇完全不相同的新世界。

邓文迪原本在父母亲人悄无声息的潜移默化下，是铁了心要成为当时她认为中国女子最应该选择的职业——医生。事实上邓文迪也确实考上了广州医学院，差一点就实现了她的医生梦。但又是什么促使邓文迪放弃了她从小的梦想，甚至未拿到大学的学位证就急不可耐地奔向了美国这片大洋彼岸的土壤呢？

除了当时越来越盛行的"留洋风"，另一个很重要的原因应该就是她看过的这些书吧。

书籍在邓德辉夫妇不在邓文迪身边的日子，几乎是同时扮演了亲人、朋友和导师的身份，重铸了她的世界观，也开阔了她的眼界。让她知道了世界上还有这样一片地方，一片适合她这样的女子生存的地方。

但有这样一个梦想对于邓文迪来说也不见得是什么好事。首先，医生是邓德辉夫妇很满意的一个职业，在邓文迪的生命里能让邓德辉夫妇感到满意的，无非就是邓文迪的学习成绩和想要做医生的职业规划。更何况邓文迪从来不敢反抗父母的决定，对于如何与父母沟通这一点，邓文迪感到十分的惆怅。

还有一个重要的问题就是，出国留学需要大笔的费用，外国的大学学费不像中国，高得吓人。公立的综合大学每年的学费为 1.2 万 ~ 3.7 万美元 / 年；私立综合大学还要更高，为 2.2 万 ~ 4.5 万美元 / 年；文理学院为 2.2 万 ~ 4.5 万美元 / 年；社区学院最便宜的学费为 8000 ~ 1.8 万美元 / 年，折合成人民币 1.8 美元就是十来万元。

对于 20 世纪八十年代的邓文迪来说，这些无疑是天文数字，更何况这还只是学费。就后来邓文迪就读的耶鲁大学来说，学费每年都要 4.5 万到 5 万美元，食宿每年也要 2.5 万到 3 万美元，更何况还有书本费等其他各种各样的开支，如果全部自己买新书，一年 2000 美元都不够。即便是按照最省的方法，一年 500 美元的书本费也是必不可少的。

邓文迪在书中看到了希望，但她也在现实里看到了绝望。她深知，她的父母是绝对不可能拿出如此多的钱来供她去国外留学的。或者，温和一点说，她的父母也拿不出那么多钱来。

在这样的情况下，现实留给邓文迪两条路。要么实现邓德辉夫妻的理想，继续做一个医生，如她看到的千千万万的中国妇女一样：努力学习，学成毕业，找份好工作，攒一点积蓄，寻一个丈夫，走进婚姻的殿堂，相夫教子。

另一条路是实现自己的梦想，不过这条路从在她脑子里诞生开始就注定了道阻且艰。如果邓文迪要固执地坚持梦想的话，她就要自行解决金钱的问题，克服语言的障碍，还要冒着与父母闹翻的风险。

这两条路，孰好孰坏，孰优孰劣，相信所有人都看到了邓文迪的选择。我们不能因为她现在走了第二条路，并且很成功，就说邓文迪一定走对了或者走错了。

人生里有那么多的分岔路口，但是没有人可以在走错了的情况下再倒回来重新走一遍。所谓"得不到的永远在骚动"，而正因为如此，当有人在做出选择后，走在自己选择的道路上感到不如意的时候，常常会感慨：要是当时选择的是另一条路，会不会更好……

但从来没有人可以重来。

邓文迪也是，当年的两个选择，她选择了遵从本心出国。但谁又能保证如果她留在国内就不能闯出一片天呢？这些都是不能够去试验和保证的事情，就好像我们不能说邓文迪出国就一定名声会坏，而留在国内，名声就一定会好吧。

但邓文迪最令人敬佩的就是，这些年来，无论什么时候，她从未说过一句对当年选择的一丝丝的遗憾或者后悔。

想想也是，邓文迪做任何事都是不遗余力，像一个冲锋的战士。能做到对自己的每一个选择深思熟虑，执行时拼尽全力，等到回首往事时，

第二章 人之初，邓文迪身世之谜

怎么会有悔恨呢?

第四节　学校的滋养，种子发了芽

一、适合生存的地方

在这个世界上，女人若只有美丽的外表，不过是个空壳，没有思想的女人，眼神是呆滞的，语言是空洞的，美丽也只是苍白的。

小时候的邓文迪在家里过得并不开心，家里有四个孩子，她又是不前不后的老三，下面还有一个弟弟，邓德辉夫妇给予不了她多少的关爱。

而到了上学的年纪，步入学校以后，邓文迪发现，这是一个适合她生存的地方。

邓文迪是一个孔雀型的女孩，孔雀型就是表达型，这一类"孔雀"热情洋溢，好交朋友，口才流畅，重视形象，擅于建立人际关系，富有同情心，人际交往能力超凡。

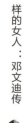

可以说在家里，邓文迪这只小孔雀并没有什么表现的机会，可是到了学校就不一样了，只要成绩够好，她就能够赢得一大片的掌声。而孔雀的特点就是只要稍加鼓励，他们就会有无穷无尽的战斗力。

邓文迪从小就争强好胜，连跟小朋友玩游戏都非要拼尽全力，在学校里当然也是一样，而且到了学校以后，邓文迪发现她的生活仿佛进入了良性循环。

只要她取得好成绩，她就能受到老师的表扬和同学羡慕的眼光，而这些都会激励她继续努力学习，保持住已有的荣耀。只要她的光环还在，七大姑八大姨就会夸奖她，这会让她的父母感到很有面子，同样的，父母就会给予她更多的关注。可谓一举多得。

所以在学校里的邓文迪总是勤奋好学，一有机会就向老师请教。她在读书期间，经常提出一些问题，语文数学、天文地理。邓文迪好像对什么都很好奇。有的老师嫌她问题太多了，可她从不在乎，该问还问。

有一次，有一位老师外出交流学习回来，她就准备了许多问题去请教老师。这一次可好了，老师诲人不倦，学生就没完没了地问。邓文迪好学的名声很快就传遍了整个学校，那位老师见人就会分享两句："要我说最有求知欲的学生还要数某某班的邓文迪……上次我交流回来，她就立马扯着我问个没完……"

邓文迪在学校一改她在家乖巧的样子，好像一个永远处于备战状态的战士，总有用不完的精力。

其实这是一种很可悲的解脱，世界上没有完美的人，也不可能有人在任何地方都表现得很优秀。小时候邓文迪的学习能力似乎并不强，她很晚才学会阅读，当邓文迪站在学校的讲台上被老师夸奖的时候也正该是她依偎在父母的身旁撒娇的年纪。

试想，如果邓文迪也是集万千宠爱于一身的小公主，父母都把她当作掌上明珠，邓文迪也善于同家人嬉笑打闹，她又怎么会有那么多的时间去学习呢？

当邓文迪全心全意在学校发光发热时，其实也就是邓文迪终于不再将目光流连于她那并不疼爱她的父母的时候。小孩子会下意识将目光投向自己的父母是一种很没有安全感的表现，如果一个孩子已经习惯了不再从父母那里获取安全感，那么说明这个孩子已经长大。至少，是在学着长大。

邓文迪学着长大的时候，是她上小学一年级时。

学校不仅帮助邓文迪学会成长，还为她今后的发展奠定了基础。

众所周知邓文迪人际关系好，与一众贵圈名媛都是好友、闺蜜兼死党。能罗列出来的名单一张纸都写不下。邓文迪在学校就是出了名的人缘好，大学期间更是交谊舞高手。

学校其实就是一个小型的社会，邓文迪能在其中认识许多类型的人。也许是因为情商高，邓文迪在学校几乎能与所有人和平友好地相处，她算是个"大众朋友"。

能让邓文迪自己找准这个定位是很重要的，她的传奇故事除了剽悍的婚姻，就是她强大的交友能力。

进入学校应该算是邓文迪独立生活的开端，在邓文迪 15 岁独自在徐州生活以后，她就经常在学习之余参加学校排球队、看课外书、做兼职等，全面地丰富自己的生活。

那时候邓文迪发现她的生活过得是那般的充实，与她小时候的空洞截然不同。但也因为邓文迪分了过多的精力来打排球和做兼职，导致她学习成绩迅速下滑。

随之而来的自然是父母的责备与老师的焦急。

邓文迪的父母是从小听惯了别人对自己三女儿的溢美之词的，想象一下，假如你是邓文迪的父母，有一个从小并不很喜欢的女儿，但所有的人都在夸奖这个女儿，就算心里还是不喜欢她，但肯定还是病态地将她视为值得炫耀的东西。

而有一天，当这个女儿唯一的价值也没有了的时候，他们会觉得自己仿佛遭到了背叛，会谩骂她怎么会如此的不知上进。

那时候，父母仍旧是邓文迪的半边天，面对父母的责骂，邓文迪仍旧不敢反抗，小心翼翼地收起自己想要出国的梦想，放弃自己擅长的排球，顶着排球教练失望的眼光和老师父母余怒下的欣慰，挑灯夜战，重新拾起自己落下一大截的学习成绩。

邓文迪考上了邓德辉夫妻希望的广州医学院，与分开了数年的家人

再次相聚。

不知该算幸运还是不幸，邓文迪从小学一年级进学校开始就学着成长，学会不再把父母当作自己的一切。慢慢地，她也确实找到了人生的目标和方向，有了为之奋斗的理想。

但当邓文迪终于开始挣扎是否要离开父母展翅高飞的时候，邓德辉夫妻似乎终于想起来了他们的女儿，也终于意识到他们应该对女儿的人生规划提出一点建议，并给予一定帮助了。于是他们一声令下，折断了邓文迪梦想的羽翼，让他们几欲展翅高飞的女儿，双眼含泪，狠狠地落回他们身边。他们轻抚着女儿断掉的翅膀，仿佛是在替女儿悲鸣，一边说着："看，爸爸妈妈没有忘记你，我们还是爱着你的……"

而邓文迪怀着不甘和顺从这样复杂的情感，在广州医学院读了三年。三年来几乎所有老师和同学对邓文迪的评价都是：成绩一般，但交谊舞跳得很好。如果你继续追问，可能还会得到这样一句话：哦，对了，她的英语成绩不错。

这三年邓文迪几乎都与父母生活在一起，她本以为她与父母还是原来的相处方式，但后来她渐渐地发现，时间真的是个魔鬼，天长日久，无论是父母对她，还是她对父母的态度都有所不同了。

在邓文迪读大学的时候，两个姐姐都已经出嫁，家里就剩下了邓文迪和弟弟两个孩子，父母的工作也不像以前一样起伏不定，随着邓德辉夫妻的职位越来越高，他们的工作越来越稳定，空闲时间很多，收入也越来越高。邓文迪惊奇地发现，在她读大学的时候得到的来自父母的关爱比她前面的十几年都多。

邓文迪本来以为重新回到父母的身边，得到父母的关注她会很开心。但事实上，邓文迪发现她开始抗拒父母了。

邓文迪从 15 岁离开父母，那正是她的青春叛逆期，是一个孩子高喊着自己长大了的时间。而邓德辉夫妇离开了她，因此对邓文迪人格不断健全完善产生影响的是她的同学和老师，跟邓德辉夫妻似乎没有多大关

系。而在这个时期形成的人格几乎会影响一个孩子的一生。

邓德辉夫妻错过了邓文迪人生中最重要的时期，这是一个永远也弥补不了的遗憾。

孩子会依赖父母无非是因为安全感，当邓文迪独自从一个小孩长到大学前期一个亭亭玉立的大姑娘回到父母身边时，她惊奇地发现，不需要父母，她也过得很好。而父母在身边的日子她反而不习惯了。

小时候邓文迪总觉得父母什么都懂，什么都会。所有的孩子都会认为自己的父母比别人的父母高人一等，哪怕自己的父母只是一个普普通通的工人，但就是因为他们是父母，是在一个最懵懂无知的时候带孩子认识世界的人，孩子总是会产生这样的错觉。

与父母在广州相处的三年，邓文迪发现她对父母权威的惧怕大大减少，于是邓文迪开始迷茫：父母真的是必须听从的吗？他们为她选择的医学院真的是最正确的选择吗？她的理想真的就要这样放弃吗？

深思熟虑以后，邓文迪有了一个大胆的想法：她要反抗！

二、渴望

反抗什么呢？

自然是要实现她的出国梦。

1972 年，尼克松总统访华，这标志着自新中国成立后中美相互隔绝的局面终于被打破。20 世纪 70 年代末，邓小平同志高瞻远瞩，抓住机遇，促成中美于 1979 年 1 月 1 日建立正式外交关系。

尤其是改革开放以后，外国的许多大企业间刮起一股东方热，纷纷到中国开始投资设厂，发展事业。中国人也逐渐了解国外的生活和国外的人。

对于邓文迪来说，外国的一切都是新奇的，尤其是随着改革开放的不断深入，国家对经济发展的重视程度加深，许多国企工人都下海经商。

巨人之路

谜一样的女人：邓文迪传

中国的经济迅速腾飞，邓文迪对"经济"二字的印象不断加深。尤其是对外国的经济学产生了极大的向往。

她想尽办法奔赴美国，一来是因为美国开放的文化环境和较高的文化发展水平，二来也是因为女权主义的大旗已经在美国高举，在美国不会有人因为她的性别而对她怀有歧视。那里才是她大展拳脚的主战场，对于这一点，她早已深知。

虽然面对父母，邓文迪早已不是那个唯唯诺诺的小女孩，但是多年来面对父母的胆怯仿佛已经成为了一种习惯，她并不敢把这个肯定会被父母驳回的想法大声地说出来。她只有一边小心翼翼地隐藏起自己内心的渴望，一边为出国梦打下坚实的基础。

她知道去到美国会花费怎样高昂的费用，所以邓文迪开始忙碌地打工存钱，她不知道要存多久才能够凑够自己出国的费用，但在她还在酝酿着该如何措辞才能让邓德辉夫妇对她出国的反对态度软一些时，她只有先默默地做着这些微不足道的准备工作。

在默默准备的同时，邓文迪也会向她的老师和朋友小心翼翼地商讨这件事，在 20 世纪 80 年代，似乎一切与外国人挂钩的事都是大事。到外国去留学，都是一些富贵人家的子女的特权，像邓文迪这样的普通女孩说出要去美国留学这样的话，她收获的要么是嘲笑，要么是同情。

当时她听到的最多的一种意见就是：如果不是有钱人出国镀金混学历，一般出去留学的人都是成绩拔尖、在某一领域特别有造诣，去交流学术的人。如果都不是，那么就不要浪费时间了。

还有人给邓文迪罗列出来好多出国的坏处：

第一，在国内的一线城市，有留学经验的和国内名校毕业的学生没有差别，甚至国内毕业的学生比留学生有优势，所谓的理由是，留学生不了解中国市场，所学习到的都是其他国家的一些做事风格和思路方式；第二，作为女孩子，为了留学浪费那么多时间，还不如大学毕业就在国内发展，或许等到邓文迪留学回国，已经接近三十岁，而她的同学们，都是已婚生子。在工作上面也没有任何的帮助。第三就是经济，无论在国外自己怎么努力打工，其实很多时候都是家里在负担，如果不是家里特别富有，其实也没有出国的必要。

邓文迪不是很理解，为什么有那么多人扭曲了出国的意义。不排除确实有人是为了出国镀金，也有人是逃避出社会的理由等，但是她相信，更多人出国就是为了开阔眼界，就算留在国外发展，那也不一定要待在学术性人才的领域。

几乎在所有人对邓文迪的出国计划持反对意见的时候，她的计划也终于传到了邓德辉夫妻的耳朵里。

在一个艳阳高照的天气里，邓德辉单独把邓文迪叫到客厅里，邓文迪不知道接下来会发生什么，但从小对父母的隔阂让她心怀忐忑。她看见母亲将择好的菜端进厨房里，关上厨房门之前，母亲看了她一眼。邓文迪竟说不出那一眼的含义，她第一次发现母亲的眼睛竟是那般的深邃。

邓文迪做好了被痛骂一顿甚至是被打的准备，她的眉头甚至比邓德辉的眉头皱得还紧。

邓德辉端起桌上那只边缘已经被磨掉了漆的瓷杯，很是深重地喝了一口，然后第一次认真地看着他胸有大志的女儿，问："你真的想好了吗？"

邓德辉用了最平常的语气问出这七个字，但邓文迪能听出来，她的父亲在压抑着什么，可能压抑着的就是他即将爆发的怒气吧。

邓文迪突然释然，好像胸口有一口气就要呼之欲出，她毫不畏惧地回视邓德辉，回答得无比坚定："想好了。"

邓德辉的眉头毫不掩饰地皱了起来，语气比上一次更生硬："你知道出国意味着什么吗？"

邓文迪当然知道，出国对她来说意味着不用再学习她丝毫不感兴趣的医学，意味着她可以去国外开阔自己的眼界，意味着她可以作为一名女性堂堂正正地活下去。

可是对邓德辉来说又意味着什么呢？

"出国的学费我会自己挣的，不会用您和妈妈的钱。"当邓文迪说出这句话来的时候，胸中竟油然而生一种自豪感，她正在对她顺从了18年的父母进行反抗，这种感情极为复杂，自豪里带着一丝畏惧，但畏惧又催生了她的勇气。

等到邓文迪的兴奋劲儿过去以后，她才发现，在她兴奋的这段时间，邓德辉完全没有说过一句话。她看向邓德辉的眼睛，却发现是那么的……哀伤。

这时候，邓文迪听见18年来从来没有表现出对她一丝不舍的父亲说："我跟你妈妈工作忙，从小就没有多少时间跟你们姐弟几个在一起，现在你的姐姐们都嫁人了，你又要去国外，机票那么贵，你去了应该就几年不会回来了，就算回来了也该结婚生子了，我们父女的缘分看来也该到头了……"

这应该是邓文迪第一次听见她的父亲说起他们之间的缘分，原来在他们之间竟然还有感情可以用来欷歔叹惋？

那一刻，邓文迪的胸中是无尽的悲凉，在她都要下定决心离开祖国、离开家人的时候，她的父亲终于记起，原来他们父女还有感情。

至少有几分钟，邓文迪没有说出话来。

邓德辉好像也是第一次这样坐下来跟他的女儿聊天，语气非常的不自然，却又饱含情感。明明已经找不到话说了，却还是固执地坐在那里不肯离开。

邓文迪也不动，父女两人就这样无声地对望，相顾无言，却是此时无声胜有声。两个人都清楚有什么东西已经悄无声息改变。

或许他们自己也知道，他们真正相处的时间已经不多，这样单独相处的机会更是难得，对于邓德辉来说，他似乎从未关心过他的这个女儿，仿佛只是在一眨眼，他所有的孩子都长大了，都不再将他当作避风港，一个个地都要离开他。

第二章 人之初，邓文迪身世之谜

邓德辉所有的精力似乎都用来关心自己的儿子了，这么多年了，给予自己女儿的目光却少之又少，他似乎都很少认真看过邓文迪的脸蛋。明明是他自己的女儿，当盯着邓文迪看时，他却又感觉是那么的陌生。

其实这便是亲情，并不是每一位父母或者子女都能在最恰当的时机明白对方的良苦用心，或是体谅对方对待感情的迟钝与笨拙。但正因为有亲情的存在，哪怕有诸多的矛盾与误解，在父母子女之间就算经历了长久的沉默期，也会因为某一个契机突兀而浓烈地爆发出来。

最后这场会谈以邓德辉的一句："你想去就去吧，钱的问题我和你妈妈会想办法的。"平淡收场。

但那天无论对邓德辉还是邓文迪都是意义非凡的一天。"慈母手中线，游子身上衣；临行密密缝，意恐迟迟归。"说的恐怕就是这个意境。

这应该也就是为什么邓文迪与父母从小都未有过什么深重的情谊，但远在大洋彼岸的父母总是邓文迪心尖上的牵挂。

有的父母或许自己都未能适应父母这个角色。而有的子女同样地早已不安于在父母的庇护下遮风挡雨。血浓于水，十指连心的亲情是存在的。有些珍贵的情感，我们可能自己既未能及时发现，也没能好好珍惜。

作为子女，最幸福的应该是"父母今安在"，最可悲的是"子欲养而亲不待"。在这个世界上并不是每件事都可以回头，每个错误都可以弥补。

人生路长，人贵多情，且行且珍惜。

巨人之路

谜一样的女人：邓文迪传

▶▶▶▶ 第三章 与切瑞夫妇的情感纠葛之谜

第一节 人生转折，邓文迪的出国梦

一、中国人与外国人

最后，邓文迪当然没有花费邓德辉夫妇的钱赴美留学，因为她在平淡无奇的人生中遇到了改变她命运的人——杰克·切瑞。

邓文迪要实现出国梦，第一步当然是学好英语。高中的时候邓文迪的英语成绩是所有学科里拔尖的。但上了大学以后，由于被负面情绪所支配，邓文迪对医学院的学习产生了困惑，连带着英语成绩也一落千丈。

英语是一门可爱又可恨的学科，像这样的语言类的学科没有什么捷径可走，只有不断地积累。只要你不断坚持努力，偶尔耽搁一两天并不会对英语产生什么影响。但假如对英语荒废的时间已久，仅靠一小段时间的努力，也起不了多大的作用。

就在邓文迪为她的英语苦恼的时候，一个扭转她命运的男人出现了。

不知道算不算命运，就在邓文迪打算出国的前夕，邓文迪机缘巧合下认识了因为工作调动来到中国的切瑞夫妇。杰克·切瑞比邓文迪大 30岁，那时正在广州机械厂工作。

当时邓文迪还没有想要让切瑞夫妇资助她赴美留学，只是那个时候，中国境内的外国人并不多。一心想要赴美留学的邓文迪，见到切瑞夫妇这样土生土长的外国人就忍不住想要从他们口中打听国外的境况。

而同样的，对于切瑞夫妇来说，20世纪八十年代会讲英语的人非常少，哪怕邓文迪的英语说得并不流利，但对于切瑞夫妇来说都是很亲切的。

谜一样的女人：邓文迪传

对于杰克·切瑞夫妇来说，遇到邓文迪甚至颇有一番他乡遇故知的感觉。邓文迪是一个很开朗的女孩，甚至有些大大咧咧的，不太像传统的中国女生，反而与美国女孩有些相似。

而且邓文迪这个活泼可爱的女孩子非常热情，经常主动带他们两个人生地不熟的外国人出去游玩，了解附近的风土人情。在切瑞夫妇不断加深对中国的了解时，邓文迪这个女孩儿的形象在他们脑海里也逐渐鲜明了起来。

逐渐熟悉之后，邓文迪开始渐渐跟这对外国夫妻谈起她的出国梦。

于是1987年，18岁的邓文迪开始跟杰克·切瑞的妻子乔伊斯·切瑞学习英文。不过邓文迪并没有跟乔伊斯学习太久的英语，因为切瑞太太为了照顾子女，不到一年就返回了美国。

但切瑞先生依然留在广州，或许外国人骨子里就是寂寞不得的。没有了妻子在身边的杰克·切瑞开始愈来愈频繁地接触邓文迪，他对邓文迪几乎是无微不至地照顾，两人交谈两国的风土人情之余还经常一同出游，用餐。

不久之后切瑞先生告诉太太，邓文迪想要到美国念书。大学第三年（1988年），邓文迪在他们的帮助下获得美国留学签证，从只就读了三个学期的广州医学院退学，前往洛杉矶的加州州立大学北岭分校（Northridge）就读经济学。

在这个世界上，像电视剧里那样骨子里就带着恶毒心性的人是不存在的。从小到大，无论中国的还是外国，更没有哪一国的教育是会教导一个人弃善从恶的，哪怕是监狱里的杀人犯，在手起刀落结束一条生命的时候，他也会为自己辩

解："我不想杀人的，还不都是因为对方……"

没有人想要做恶人，特别是年仅 18 岁的邓文迪。

比起邓文迪为了获得美国的签证和绿卡离间切瑞夫妇的婚姻，更有可能的是妻子不在身边的杰克·切瑞每天对着邓文迪那张花儿一样年轻的面庞心动不已。他开始不断地接近邓文迪，他迫切地希望这个女孩儿对他也有同样的感情。

在邓文迪的第一段婚姻里，绝对是杰克·切瑞主动的可能性大。仔细想想，难道一个从小在学校里长大的女孩子会有心计到主动去勾引一个 50 多岁的已婚大叔，然后通过献上自己的方式获得留学资助吗？

那万一切瑞很爱妻子，不吃这套呢？岂不是徒增尴尬？

所以在邓文迪和切瑞的故事里，至少得是切瑞给了邓文迪一个他可以被撩拨的暗号，邓文迪才会不顾一切地与他情投意合。

18 岁的女孩子，是最该梦想爱情的年纪。如果不是真的产生了感情，她凭什么用自己大好的年华去陪伴一个老头子？

对于幼年的邓文迪来说，她是一个很缺乏父爱的女孩子。虽然后来她与邓德辉也明白了他们之间不可磨灭的亲情，但两个人又都不是善于表达的人，他们都知道那份情感在那，但谁都不会先说明。

毫无疑问，父亲这一形象在邓文迪的人生中是不完整的，并且存有很大的缺憾。人就是这样，对于没有完整拥有过的东西就会表现出一种偏执的执着。不完整是一种最磨人胃口的状态，因为你拥有过其中的一部分，知道这种东西的美好。但你同时也知道你拥有的那部分并不完整，你想要使其圆满，却又怎么也得不到那缺失的其他碎片。

而杰克·切瑞对邓文迪来说，就是她得不到的父爱。这个体贴的老男人，对她关怀备至。甚至在邓文迪最痛苦，为资金问题而不能出国留学的时候会温柔地将她搂进怀里，轻轻吻着她的额头跟她说："别担心，我来帮你解决。"

他不仅为邓文迪搞定了留美的签证、食宿还有学费问题，还给予了邓文迪强大的精神慰藉。叫当时捉襟见肘的邓文迪如何能不心动呢？

据资料显示，且不算通货膨胀等因素，1988年，申请美国留学签证的费用约为100美元，而加州州立大学北岭分校本科总费用约为17672美元/年，住校开销为3000～7500美元/年，在1988—1991年这四年里，邓文迪要想完成学业，杰克至少需资助她82819美元。此外，如果邓文迪不通过婚姻来拿美国绿卡，而是走寻常路的话，则要申请职业移民。最快捷的是EB-5投资移民，但需要50万美元。又或者凭她的学历，在当地谋得一份工作，但至少也要花720美元办理签证。可以说，邓文迪的第一段婚姻至少为她节省了将近10万美元。在20世纪90年代，这是一笔不小的费用。

或许这位大了邓文迪30岁的美国老男人实在是不符合花季少女白马王子的形象。但一个女人，有时候需要的并不只是英俊的外貌。

并不是每个女人都可以过得像偶像剧一样美好，大部分的女人人生中都没有那些花式浪漫的桥段和跌宕起伏的剧情，她们的丈夫当然也没有偶像剧男主角的帅气，但她们依旧结婚生子了，没有王子公主的童话，她们的生活很现实。

对于18岁的邓文迪来说，她尚且不知道那么多的人情世故，她只知道这个叫杰克·切瑞的男人对她很好，并且可以解决她现在面临的最棘手的问题。而且她喜欢这个男人，他对她很好，可以给她安全感，仅此而已。

二、梦起时分向往之歌

还是懵懂少女的邓文迪跟随杰克·切瑞到了美国。那是一个遥远而陌生的国度，却又是她心心念念向往了许久的地方。

刚到美国，邓文迪先在加州大学洛杉矶分校学习半年英语。为了在异国他乡养活自己，她开始了勤工俭学的苦读生涯。第一份侍应生的工

第三章　与切瑞夫妇的情感纠葛之谜

作是在一家名叫"四川饭庄"的中餐馆，上班第一天，她就把盘子打翻了，因此被解雇。此后，邓文迪继续寻找餐厅里端盘子、洗盘子的工作。

在乐天派邓文迪眼里，洗盘子并不是一件苦差事，反而是一件很有趣的事情。"1小时就可以赚4美元"，已是豪门阔太的她回想这段经历，充满了小女孩式的快乐和满足，她甚至一边洗盘子一边在脑海中复习课堂上所学，兴致盎然且效率奇高。洗盘子时，她从来不觉得自己会这样干一辈子。

同时，在邓文迪刚到美国的时候，切瑞夫妇给了她巨大的帮助。那时候乔伊斯·切瑞还不知道邓文迪与杰克之间的事情，她仍旧怀着对这个年轻女孩的好感，记得她的热情与开朗。

在美国时，邓文迪寄宿在切瑞夫妇的家里，乔伊斯甚至安排邓文迪与他们年仅五岁的女儿同睡一张床的上下铺。可以看出来，那个时候和善的乔伊斯夫人是把邓文迪当女儿看待的。

她为了迎接邓文迪的到来忙前忙后许久，添置了好些东西，好像是欢喜鼓舞的母亲等着女儿的归来。而讽刺的是，她的丈夫对邓文迪却怀了截然不同的想法。

邓文迪与杰克·切瑞应该算是一段禁忌之恋，无论是对少不更事的邓文迪还是久经风月的杰克都有一种难以言说的担忧与兴奋感。

白天邓文迪要到学校里学习、去餐厅洗盘子，周末的时候杰克会带邓文迪出去玩，就像在中国广州一样，一个本地人带着一个外地人，给她介绍当地的风土人情。

那时候的邓文迪过得很充实，心中怀着理想，身边簇拥着爱情。哪怕是当邓文迪已经到达人生一个很高的位置再来回首这段往事时，心中仍然会有一股热流，那是来自一位异国少女执着的，永不回头的逐梦之旅。

到了美国这个全新的国度，邓文迪有一种说不清道不明的感觉。她孤身离乡背井，虽然每天忙碌得连休息的时间都没有，但她发现她的思

谜
一
样
的
女
人
：
邓
文
迪
传

绪变得异常活跃。

每当她闭上眼睛或者是不闭上眼睛，只要稍有空闲她就会想起很多人，想起很多事。邓文迪回顾她过去的近二十年，她发现自己像一个乖乖女一样的生活，老师同学赞扬他，父母虽然不言明，但他们都明白，邓德辉夫妇心里也是自豪的。

但那么多的荣光究竟为邓文迪带来了什么呢？事实上，什么也没有。

在过去的十多年里，邓文迪只学会了做一个普普通通逆来顺受的女孩子，她心里面多少的不甘和叛逆最终都被自己压了下去，时光差一点就磨平了她的棱角。

但终究还是差了一点。

邓文迪来到美国或许是极大的机缘巧合，但独在异乡为异客的人到了新的环境，遇到了全新的人物事，她的内心掀起了巨大的波澜。

她问自己：为什么你还要跟过去一样呢？在这里没有人管你，这里文化开放，无拘无束，你为什么不把自己曾经的梦想都实现了呢？这就是你的舞台啊。

哪怕邓文迪是个女孩，我们也不得不承认，年轻人的野心和创造力都是无穷无尽的。邓文迪立马给她的人生定下了宏伟的计划，从那时就想好了，她的目标绝不会止于加州北岭分校这个社区大学，她还要到更好的商学院进修，耶鲁就是她的下一个目标。当然，最后，邓文迪也确实实现了她的目标。

我们可以发现，邓文迪的一切转变都是从她到了美国之后开始的。当她还在国内的时候，她向来是一个畏首畏尾的女孩子，而当她出国以后，一切都变了，再也没有任何事情能够束缚她。

其实不管一个人对他原本的生活环境存了多大的怨念与不满，但原本熟悉的环境可以给一个人安全感。独自背井离乡的邓文迪到了一个她向往但又完全不熟悉的国度，虽然有杰克·切瑞夫妇在她身边，但是他们并不是她真正的亲人。而且邓文迪和切瑞的感情，会让她对乔伊斯产生一种愧疚感，她会觉得她背叛了乔伊斯，这让邓文迪感到非常的痛苦。

毫无疑问，初到美国的邓文迪是激进的，努力的。但是这也是她最没有安全感的一段时期。

而在这个时期，毫无疑问切瑞给了邓文迪很大的帮助以及安全感。

其实这也就是为什么当年切瑞夫妇刚到广州的时候会对邓文迪产生如此强烈的喜爱。外地人到了不熟悉的新环境，心里面总是怀着一丝忐忑不安的。而如果有一个熟悉当地环境的本地人对他们表示出极大的亲近，那么他们也会认为他们是被这个陌生的环境所接受的。

初到美国的时候，邓文迪发现，她越来越离不开切瑞了。

邓文迪不是天生的坏女孩。她也知道她和杰克的感情是不对的。她会对乔伊斯以及乔伊斯年仅 5 岁的孩子感到愧疚，但是她和杰克已经发展到如今的地步，他们谁都不可能做到退一步云淡风轻。而这一层薄膜如果捅破，会给乔伊斯和他们的孩子带来更大的伤害。

而且邓文迪根本不能和切瑞做到和平分手。作为一个无亲无故，毫无任何倚仗的中国女孩子，独自来到美国之后，切瑞是她唯一的依靠。因为她留美所需要的所有资金食宿都来自于切瑞夫妇，如果她和切瑞的感情破裂，她很害怕她的美国梦也会就此破碎。

切瑞对于邓文迪来说，应该是一个年轻女孩子在最向往爱情的年纪所做的最冲动、最错误的决定。但也不能完全说这个决定是错误的，毕竟这个决定带着邓文迪来到了美国，实现了她人生最大的转折。

可是她为这段感情付出的代价确实巨大。邓文迪以后被所有人诟病的最主要的原因基本上就是来自她和切瑞这段不长的婚姻。在她和切瑞的故事中，所有人都把她当成了坏人，认为她让别人妻离子散。但是在爱情里就是没有那么多的对错。

当年邓文迪确实是爱上了切瑞的，切瑞肯定也是喜欢邓文迪的，并且可以说就是切瑞成就了以后的邓文迪。

杰克·切瑞把邓文迪带到了美国，也是他教会了邓文迪，一个女人

是可以从许多方面取得成功的。在遇到杰克之前，或许邓文迪从未想过，原来对于女人来说，连爱情都可以当作筹码。在那段时间里，邓文迪就是怀着这样五分愧疚五分憧憬，不断地朝着她的美国梦靠近。

第二节　切瑞＝希望

一、聪明的女人不会坐等上帝眷顾

在中国的时候，邓文迪总以为只要她到了美国，就可以大展拳脚，实现她所有的抱负。但等到邓文迪到了美国之后才发现，所有的空中楼阁，都只是看起来美好。象牙塔的内部可能也会被虫蛀。

20世纪80年代的美国其实也有各种各样的社会问题。比如，虽然女权问题已经在美国有了极大的遏制，但是随着女性权利越来越提高，男性的地位自然受到了冲击，可是男性几千年来就认为自己具有统治地位，他们早已习惯了以一种高姿态俯视女性。

突如其来的女权崛起让男性感到了极大的恐惧以及不满。美国家庭暴力已经越来越严重，虐待子女、配偶暴力等现象泛滥于美国多数的家庭。

第三章　与切瑞夫妇的情感纠葛之谜

邓文迪渐渐发现就连她曾经认为能够给予她安全感的，如父亲一般温柔的杰克·切瑞甚至也有这方面的暴力倾向。邓文迪经常能够看到杰克殴打他的妻子乔伊斯以及他们年仅 5 岁的孩子。这让邓文迪对这个如父亲一般的爱人形象产生了质疑。她心目中的人，她的 Mr.Right 真的是这个 50 多岁、形象邋遢还具有暴力倾向的男人吗？

而且美国自诩为民主尊重人权，但事实上在每一个平常美国人周边，践踏人权的现象都非常严重。产生这一现象的原因有历史的、文化的，还有整个社会经济的因素。在美国贫富差距非常严重，越来越多的美国豪门建立家族管理组织，用垄断公司和其他机构来管理已经膨胀了的家族财富，而美国政府为了得到这些大资本家的支持，并不会采取太强硬的措施。就算有时候为了拉选票，一些领导人会高喊着一定解决贫富差距问题，但事实上上台以后也是一样的不作为。

国人经常认为美国人非常富有，经常可以看到很多美国的大资本家，他们乘坐豪华的游艇出游，出行都是私人飞机。但是他们没有看到的是在美国也有成千上万的流浪汉，他们流落街头，寒冬里照样没有衣穿，没有东西吃。

杰克·切瑞并不是什么大富豪，他在美国的中层收入者里都算是吊车尾。邓文迪适应了与她想象中大相径庭的美国生活以后，她美国梦里最美好的那一部分终于破碎了。

邓文迪到了美国以后才发现，真正的美国并不如她想象的那般是一个充满了梦想的帝国。这个大洋彼岸的国家其实与她生长的中国没有太大的不同，要说唯一的不同，那也就是大洋彼岸的人，金发碧眼，而中国人黑发黑眸。生活在社会底层的人依旧要不断苦苦地挣扎。

也正是在这个时候，残留在少女邓文迪骨子里的那份怯懦和软弱终于完完全全地被美国的现实抹去了。她开始意识到现实的残酷并思索着如何才能解决自己的困境。她再也不想把全部的希望寄托在杰克·切瑞的身上了。

真正的邓文迪，现在终于觉醒。

她开始作为一个女子、一个独在美国身处异乡的女人为自己的将来做好打算，是真正的脚踏实地一步一个脚印的计划，而不是像以前那样只会想象着她要在哪里读书，哪里毕业，如何找到梦中完美的工作，完全不考虑实际。

在美国还怀着少女憧憬的那几个月，邓文迪感触最深的就是美国社会非常现实。在美国想要出人头地无非两种情况：要么非常有钱，要么非常有能力。

显然以杰克·切瑞的经济实力不足以让邓文迪实现第一种情况，那么邓文迪就只有自己做到非常有能力。

邓文迪在学校努力地学习。中国应试教育出来的孩子都是考试的高手。在加州北岭分校，邓文迪的成绩非常优异。邓文迪的老师和同学都惊奇地发现这个来自中国的女孩子竟然在每天不停地忙碌做兼职的情况下，还可以保持如此优异的成绩。

邓文迪成名以后，在接受采访时也带着一丝少女的骄傲提起过：读书的时候，她最拿手的就是考试。

但是考试成绩在美国的教育里并不是最重要的一部分。

邓文迪的考试成绩无疑非常优秀，但是也仅仅是考试成绩而已。在她刚到美国的那段时间，所有人都知道邓文迪的考试成绩不错，但是如果有人问起加州北岭分校的老师和同学：你们学校最杰出的人才是谁？没有人会回答邓文迪三个字。

在那个时候，无论她的考试成绩多么的优异，但邓文迪在美国依然只是一个 nobody。因为美国并不是一个以分数评优劣的国家，他们会更注重一个人适应社会的能力和思想层面的高度。

邓文迪当然也很快就发现了这一点。

在中国，邓文迪只需要默不作声地好好学习，取得优异的成绩，所有的荣誉和掌声都会随之而来。可是到了美国以后，邓文迪发现这样的状况改变了。比起关注他人，美国人更在意的是自己本身的缺点和不足，他们不会过多去关注那些相对优秀的人，除非那个人已经优秀到了像比尔·盖茨一样的地步。

想要获得鲜花和掌声，邓文迪要做的不只是努力学习，她还要把以前在中国学习到的那些卑微的谦逊的习惯通通抹杀，她需要高调地生活，才能得到别人的关注。

另一个问题就是在中国的时候，邓文迪总以为她的成绩已经非常优秀，这让她产生一种身为领头羊的优越感，可是等她到了美国以后才发现，在她就读的大学里还有很多和她一样的留学生。其他的留学生都有各自的长处和优点，都不比她差。邓文迪不再是所有荣光和掌声的拥有者。这一点让她感到非常的失落。

尤其是邓文迪现在将她今后的目标锁定在常春藤名校耶鲁大学。作为一个外国人，邓文迪对美国的教育制度不熟悉，但也正因为不熟悉，尽管邓文迪已经非常努力了，但她还是会感觉自己有很多的不足，对自己很没有信心。

邓文迪十分害怕，她想着如果她在这个社区大学都不能成为佼佼者的话，那么她又如何能让耶鲁大学对她破格录取呢？

所以这个土生土长的中国女子开始在异国他乡学习像美国人一样思考生活。一个拼尽全力去学习的中国人是很可怕的。外国人经常说中国人的模仿能力很强，这句话放在邓文迪身上，一点也没有错。

在美国生活的那几年，邓文迪比一个美国人更像美国人，见过她的人都说：从性格上一点也看不出来邓文迪是一个中国人。她性格开朗，直来直去，很多时候放声大笑，十分爽朗，一点也不像传说中温柔神秘的中国女子应有的做派。但也许正是她这种美国人的性格，中国人的外貌，让外国人对这个女人产生了无尽的好奇心，乃至于被她深深地吸引。

邓文迪的学习能力很强，这一点无可厚非。无论在学校课业的学习上还是在平时的生活上，邓文迪都能很快地适应美国的生活方式，并且

谜一样的女人：邓文迪传

076

如一个女战士一般越战越强。

聪明的女人从来不会等着上帝对她眷顾。哪怕命运待她不公，她也会将那些不公踩在脚下，一步一步意志坚定地前进。

二、握紧

就在邓文迪努力学习拼命适应美国生活方式的时候，一个晴天霹雳出现——乔伊斯发现了邓文迪和杰克·切瑞的恋情。

乔伊斯在整理家务的时候发现了她的丈夫杰克·切瑞在广州的时候为邓文迪拍摄的一大堆风情万种的照片。乔伊斯愤怒地去质问她的丈夫，但是杰克·切瑞正深深地迷恋着邓文迪。面对这个与他共同生活了多年，还共同育有一个女儿的妻子，杰克·切瑞无话可说。

乔伊斯是一个温柔善良的好女人、好妻子也是个好母亲，她已经和杰克结婚了那么多年，为了她的女儿，即使是在这样的情况下，她依旧没有想过要跟杰克离婚。她只是愤怒地要把邓文迪赶出家里。

当故事发生到这里，邓文迪对她这段少女时期不成熟的感情终于看明白了，不论她到底喜不喜欢杰克·切瑞，也不管杰克·切瑞到底喜不喜她，他们的爱情终究是没有善果的。

而且对邓文迪来说，切瑞夫妇是她留美的恩人。她感谢乔伊斯对她所做的一切。如果说杰克·切瑞对于邓文迪来说是父亲一般的存在，那么乔伊斯对邓文迪也算是半个母亲，可是想想她都干了些什么呢？对于这样的自己，邓文迪感觉很羞愧。

当乔伊斯要将她赶出家门的时候，邓文迪什么也没有说，只是默默地收拾起自己的行囊准备离开。那个时候切瑞夫妇还在客厅里剧烈地争吵，而邓文迪则回到了她与切瑞夫妇女儿的房间，沉默着收拾自己的衣物。

听着自己父母的争吵声，切瑞夫妇的女儿无助地坐在床上，瞪着可爱的大眼睛问邓文迪：姐姐，爸爸妈妈在吵什么呀？

那一刻邓文迪才明白自己到底犯了多大的错。

但是那个时候邓文迪骨子里面已经有了一半美国人的性格，如果换作是以前，邓文迪可能会跑出去抱着乔伊斯忏悔，但是现在的邓文迪绝对不会，她只是轻轻地摸了一下切瑞夫妇女儿的头发，然后沉默着拉上自己的行李箱，悄无声息地离开了切瑞家。

那时候的邓文迪就已经知道，人生在世会经历很多的起起落落是是非非，有很多事情一旦做错了，就不可能挽回。

就在邓文迪拉着自己的行李箱站在切瑞夫妇家的门口，不知道该何去何从的时候，杰克·切瑞怀着愤怒的心情同样冲出了家门。本来邓文迪以为这个男人对她的感情无非是一时兴起，贪恋她的年轻貌美，但是邓文迪却没有想到他竟然会为了自己离家出走。

当时邓文迪的脑子里一片空白，乔伊斯巨大的愤怒充斥了她的脑海，不过20岁的邓文迪变得毫无主见，她只有任由杰克·切瑞拉着她的手带她一起搬进了杰克在外面的小公寓。

邓文迪明白她不能跟杰克再这样下去了。他们的感情是不被道德和法律允许的，此时此刻，世界上没有一个人祝福他们。

但是邓文迪也很痛苦纠结，因为她现在的学业在美国已经渐渐起步，她已经看到了进入耶鲁大学的希望，如果此时此刻杰克·切瑞离开了，那么谁来为她提供高昂的学费，谁可以帮助她在举目无亲的大洋彼岸继续生存下去？

怀着这样纠结的心态，邓文迪又在外与杰克同居了数月。直到有一天，杰克拿着他的离婚证过来找邓文迪，告诉他她已经与乔伊斯离婚了，他想要和邓文迪结婚。

在刚听到这个消息的时候，连邓文迪自己都惊呆了。她知道自己已经变成了一个万劫不复的恶人。

在这个故事里，我们可以说最无辜的是乔伊斯和她的孩子，邓文迪和杰克到底谁错得更多呢？这是一个无法比较的问题。

要说是邓文迪勾引的杰克，但是明显在他们俩的故事里，杰克应该是主动的，是他带着邓文迪这个东方女孩来到异国他乡，让自己成为了邓文迪唯一的依靠。在孤独无助的时候，邓文迪不依赖他依赖谁呢？

而如果说是杰克·切瑞的问题，可能一开始杰克确实是瞒着乔伊斯和邓文迪发展了婚外情。但是当杰克发现他对邓文迪的感情已经无法控制的时候，杰克选择了与乔伊斯离婚，他要给邓文迪一段完整的婚姻。

外国的男人可能骨子里就是浪漫的，他们对感情怀着无比的憧憬，对年轻貌美的姑娘更是喜爱，所以杰克会和邓文迪在一起。但是当最后那层窗户纸被捅破以后，杰克并没有抛弃这个对他来说根本就没有任何利用价值的东方姑娘。而是选择了和邓文迪结婚，让他们的爱情变得圆满。杰克·切瑞其实也并没有多少的心机，他只是一个向往爱情的男人罢了。

其实爱情就是这样，很难说得清楚对错。普通人的爱情也不像电视剧里面那么美好，拥有王子公主、南瓜马车玻璃鞋。正常人的爱情大部分时候都是伴随着利益纠葛。让一对男女生活在一起的可能不是爱情，让一对男女分开的一定是利益。

当杰克·切瑞怀着他的爱情来找邓文迪想要与她共度余生的时候，邓文迪却为了她的利益挣扎着是否要与杰克分手。但是那个时候邓文迪还是一个善良的姑娘，女子生来就比男人要多情，当她看到杰克为了她不惜与家人反目抛妻弃子的时候，心里不是不感动的。

而且杰克·切瑞看出了邓文迪的动摇，于是杰克告诉邓文迪和他结婚可以获得以下两个好处：第一，杰克可以保证她在美国这段时间的衣食住行以及高昂的学费；第二，如果邓文迪和杰克结婚并维持婚姻超过两年，她就能获得美国的绿卡。对于一个留学生来说，获得美国的绿卡是一件非常重要的事情，如果邓文迪要走正常的途径来获得绿卡的话，她会花费非常多的资金以及时间。与杰克·切瑞结婚明显是一条捷径，这对邓文迪有着相当的吸引力。

所以当杰克说要和她结婚的时候，邓文迪同意了。

可惜这段婚姻注定是没有好结局的。

邓文迪和杰克确实很快就面临了他们风雨飘摇的婚姻中的第一个危机，那就是杰克·切瑞在与他的妻子乔伊斯离婚的时候，将大半的财产都给了他的妻子以及他们年幼的女儿。邓文迪发现以杰克·切瑞现在的资金状况要资助她读完现在的社区大学已经非常艰难，更不要说她以后还要攻读耶鲁的硕士学位。

作为一间常春藤名校，耶鲁大学 MBA 的学费非常昂贵，一年约为36000 美元，两年就是 72000 美元，再加上衣食住行的开销，少说也要20 万美元。

到了美国以后，邓文迪就渐渐地发现她对杰克·切瑞的感情并没有以前那么强烈了。因为在中国的时候，外国人非常的稀少。对于杰克·切瑞这个到处都与中国人不一样的男人，邓文迪无论怎么看都感到非常的新奇，而且那个时候她并没有出过国，却对出国怀有非常强烈的愿望，看到外国来的杰克时心生向往十分正常。

而等到邓文迪在美国深深地扎下了根以后，她就发现和杰克·切瑞一样的美国人到处都是。大街小巷，每一个人都与杰克·切瑞没有什么不同。这个男人变得没有一点特色，甚至比杰克·切瑞更加优秀的大有

人在。

曾经在中国的时候，邓文迪以为杰克·切瑞是独一无二的，但是到了美国之后才发现杰克只是美国这个社会中一个普普通通的人而已。这让邓文迪感到了非常强烈的心理落差。

都说距离产生美。当邓文迪在广州的时候，哪怕她跟杰克·切瑞仍旧交往非常密切，但是那个时候他们并不熟悉，对相互的好感盖过了一切。可是等到两个人真的住在一起、生活在一起，并且时间长久了以后，邓文迪就渐渐发现了对方的缺点。

而当邓文迪与杰克·切瑞终于走进婚姻殿堂的时候，他们的爱情也算是有了一个葬身之地，注定了要走向终点。

第三节　把感情当作利器，前进

在国内，家长一般看不上私立高中，但是相比美国，私立学校的口碑却比公立学校好很多。美国的教育制度规定的是读公立学校的学生从小学至高中完全免费，但是仍有很多家长会把自己的孩子千方百计地送进比较好的私立学校。

美国没有户口制度，就读学校也是按学区划分，只要你在学区内居住，哪怕是租房子也可以入读相应的学区学校。美国的公立学校很多，并且入读方便。这主要是因为美国教育的发展水平很高。美国的公立大学财政支持主要是靠教育税，教育税是每个年龄小于 60 岁的美国公民都必须交的，就算没有孩子，也要交几十年的教育税。

而私立学校一般都是由教会或者私人财团建立，财政来源于教会或者这些私人资产，其中美国私立学校有 2/3 是由教会建立的。教会建立的学校的口碑一般比较好，因为他们在品德教育方面堪称优秀。

而且美国的私立学校一般都是小班教育，公立学校却是大班教育。

不少家长认为孩子在小班教育的环境下会受到更多的关注和重视，也更有利于学生的发展。

美国并不是唯成绩论的，他们的私立学校一般都有非常优越的艺术社科类教育。而公立学校就会更多地重视孩子的政治品行方面的培养教育，非常的枯燥。可以说，美国的私立学校教学更加的多元化，可以让学生在各个方面全面发展。

而从财政来看，公立学校因为是由政府拨款，资源肯定是比不上私立学校的，最重要的就是师资力量，公立学校比私立学校差很多。因为私立学校一般都会高价聘请优秀的教师，作为吸引学生的条件。曾经麻省理工的招生广告里面说的一句话就是：如果你来麻省理工就读，可能给你授课的老师就是诺贝尔奖的获得者。

多么诱人的条件。

邓文迪想尽办法赴美留学，她是绝对不可能仅仅满足于在社区大学获得一个毫无价值的学位就回到中国的。如果是这样，那她还不如直接在中国读广州医学院。邓文迪在美国已经搭上了她的青春和婚姻，如果不能闯出一番天地，她甚至没有脸面回去见她的父母。

所以加州北岭分校绝对不是邓文迪的最后目标。而当邓文迪将目标锁定在常春藤名校耶鲁大学之后，却又尴尬地发现，她的经济水平并不足以支持她到这个学校就读。哪怕是搭上她现在的丈夫杰克·切瑞所有的积蓄依然不够。

但邓文迪从来不会向命运屈服，她开始一个人打数份工，不断地攒钱。而邓文迪在打工的过程中遇到了她命中注定的男子——沃尔夫。

在邓文迪成名之后，很多人都质疑她的爱情，说这个女人靠婚姻上位，完全不在乎感情。但如果说邓文迪这辈子真的爱过谁的话，那么这个人一定就是她那个时候遇到的沃尔夫。

甚至在很多年以后，邓文迪已经成为了默多克的妻子。当沃尔夫事业受挫，找不到工作的时候，邓文迪还会将沃尔夫介绍给她的丈夫传媒

谜一样的女人：邓文迪传

大亨默多克，为沃尔夫在新闻集团谋取了一个不低的职位。

在邓文迪与默多克离婚以后，新闻媒体蜂拥而至去采访沃尔夫的时候，沃尔夫对这个曾经与他轰轰烈烈相恋过的女人没有置予任何一个批评的词汇。有趣的是，沃尔夫后来为默多克撰写了他的第一本自传，沃尔夫在默多克的自传里提到邓文迪时只留下这样一句话：她是一个传奇的女人。

沃尔夫当时在进出口公司工作，会说一些中文，这对邓文迪来说无疑可以极大地缓解她对故乡的思念，沃尔夫成为了邓文迪的精神慰藉。并且因为两个人可以用中文交流，缩小了两个人的隔离感，邓文迪与沃尔夫在认识不久就变得非常亲密。

而且沃尔夫身材高大，长相英俊，是女孩子很容易就喜欢的类型。相比杰克·切瑞来说，沃尔夫无疑对邓文迪更具有吸引力。

在与杰克婚后四五个月，邓文迪就开始与戴维·沃尔夫交往。两个人经常一起出双入对。而且在公开场合邓文迪向来称呼沃尔夫为自己的丈夫，当提起杰克·切瑞的时候，邓文迪却说她对杰克只是类似于父亲的感情。

杰克·切瑞当然很快就发现了邓文迪的变化，他发现以前只知道埋头学习、勤奋工作的邓文迪经常会出去约会。以前毫不在意形象的邓文迪也学会了打扮自己。他很久没有见过的邓文迪的小女儿情态也在邓文迪讲电话的时候频繁出现。

或者说，邓文迪根本就没有想过要隐藏。也许邓文迪自己也盼望着能早些结束与杰克·切瑞的婚姻。他们的开始本来就是个错误。

杰克·切瑞很快就发现了沃尔夫的存在。对于这三个人之间的心理，很多媒体蜂拥而至地去挖掘，但是极少有成果。媒体只是报道：不知道邓文迪用什么样的方法去说服了杰克·切瑞。总之最后的结果就是杰克·切瑞并没有像想象中那样大发雷霆，他只是默认了邓文迪与沃尔夫之间的关系，甚至没有向邓文迪提出要离婚的要求，仍旧与邓文迪保持了两年零七个月的婚姻，让邓文迪拿到了美国的绿卡。而就在这两年多的时间里，邓文迪放心大胆、毫无顾忌地与沃尔夫走在一起。

对于邓文迪来说，这段时光应该也是她最幸福的时光吧。

不得不说邓文迪选择配偶的眼光有了质的提升。在邓文迪与这两个男人的感情纠葛里，邓文迪是唯一的获利方。有人说邓文迪是因为爱情和他们两个走到了一起，也有人说邓文迪是为了利益与他们纠缠不清。

但无论怎样唯有一点绝不可否认，那就是邓文迪这个原本在中国朴朴素素、十分单纯懵懂的女孩子终于找到了在美国这个金钱帝国生活的方法。

邓文迪背井离乡，一个人生活在美国这个大熔炉一般的社会中。她只有寻求男人的庇护才可以获得她想要的生活。

有人讽刺邓文迪说，她是把感情当作利器在前进。可是就算是把感情当作利器，至少邓文迪自己也是要付出感情才能获得这把利器。而用感情做的利器从来都是一把双刃剑，在刺伤别人的同时肯定也会伤害自己。

抛开所有的利益纠葛，不过只是一个女孩子在年少无知的时候将自己的情感交付给了一个老男人，一个已婚的老男人。当这个女孩子终于发现她与这个人不可能有结果的时候，她伤心欲绝，将全部的精力注入学习，投向成功与未来，而在她追求未来的过程中，遇到了另一个与她完全相配的男人，他们在一起了，仅此而已。

很多人说感情是圣洁的，不应该被如此践踏。但是对于邓文迪、杰克还有沃尔夫来说，这真的算是践踏吗？当邓文迪和切瑞在一起的时候，相信切瑞是开心的，邓文迪也曾真真切切地对杰克·切瑞付出过感情。当邓文迪与沃尔夫在一起的时候，他们两个郎才女貌，周围的人都在祝福他们，尽管他们最后没有走到一起，这样的感情为什么会被质疑？

在那些年少轻狂的岁月，邓文迪的这两段感情以及感情里的三个人应该都算是感情的拥有者、经历者和享受者，而不应该是感情的践踏者。他们珍惜过、拥有过，所以分手时才会悲痛，真正践踏感情的人内心是

毫无波澜的。

邓文迪会在杰克·切瑞与其妻子乔伊斯离婚的时候感到愧疚，她与杰克·切瑞在一起的时候，杰克也确实给过她安全感。哪怕后来即将分手时，他们也是痛苦过的。

这样的故事其实连普通的言情小说都算不上。只不过因为她是邓文迪，是那个人们怎么也猜不透的谜一样的女人，所以她就得到世人的诟病。

这就是邓文迪。悲否？

一、一腔真情

1995 年，邓文迪离开加州前往耶鲁大学学习。戴维·沃尔夫资助了她。

耶鲁大学（Yale University），简称"耶鲁（Yale）"，是一所坐落于美国康涅狄格州纽黑文的世界著名私立研究型大学，最初由康涅狄格州公理会教友于 1701 年创立，1716 年迁至康涅狄格州的纽黑文。

耶鲁大学是美国东北部老牌名校联盟"常春藤联盟"的成员，也是八所常春藤盟校中最重视本科教育的大学之一。作为美国最具影响力的私立大学之一，耶鲁大学是美国历史上建立的第三所大学，其本科学院与哈佛大学、普林斯顿大学本科生院齐名，历年来共同角逐美国大学本科生院美国前三名的位置，位列 2016—2017 年 USNews 美国大学本科排名第 3（与芝加哥大学并列）。耶鲁大学共走出了 5 位美国总统、19 位美国最高法院大法官、16 位亿万富翁等。

耶鲁大学的教授阵容、课程安排、教学设施方面堪称世界一流。截至 2016 年，耶鲁大学的教授和校友获得了 57 个诺贝尔奖，排名世界第 9，以及 5 个菲尔兹奖，排名世界第 12。

不仅如此，耶鲁大学图书馆还拥有 1500 万册藏书，在美国大学图书馆系统中排名第二。耶鲁校园的 260 座建筑物涵盖了各个历史时期的设计风格，曾被一名建筑评论师誉为"美国最美丽的城市校园"。

毫无疑问，这是世界顶级学府。

当邓文迪被这所世界名校录取的时候，她就有预感，她的一生，决不会再平庸。

戴维·沃尔夫的工资并不低，足以支持邓文迪在耶鲁大学就读的所有费用。而且沃尔夫对他这个中国小女朋友的远大志向似乎十分的支持，他竭尽全力在精神上和物质上帮扶着邓文迪的求学事业。

邓文迪在耶鲁大学求学的过程中，她与沃尔夫的感情也迅速升温。那个时候的邓文迪已经与杰克·切瑞离婚。他们两个自由的单身男女在一起变得毫无阻碍，十分幸福。他们会一起出门看电影、逛街、唱歌，还会一起去旅行等。

邓文迪始终是一个很独立的女人，尽管沃尔夫表示他可以支持邓文迪的所有学费，但是邓文迪依旧在学习之余去打工，兼职赚学费和生活费。在读书期间她每天都要赶去中国餐馆打工，做到 10 点。

都说"生于忧患，死于安乐"，邓文迪明明在沃尔夫的支持下并不用

为金钱发愁，但她还要这样坚持打工，应该就是明白不能够贪图享乐而丧失自己的斗志。

邓文迪是一个永远都处在战斗状态的女人。

能够进入耶鲁大学，是邓文迪人生中很大的一个跳板，不管是她以后进入 StarTV，还是入驻默多克的公司，这都是一个很重要的前提条件。如果没有耶鲁大学 MBA 的学历，邓文迪甚至可能根本就不会认识默多克，或许她的人生依旧会有另一番传奇，但绝不会是今天的邓文迪了。

而且在耶鲁大学的学习过程中，邓文迪还结识了很多以后对她工作有帮助的名人，比如李宁的太太陈永妍。邓文迪还被介绍去李宁的公司工作，那是邓文迪在美国的第一份最体面而快乐的工作，也可以说李宁为她开启了日后与政治界、体育界名人关系的大门。

据说后来沃尔夫也开始为李宁公司工作，不知道邓文迪有没有在里面出一份力呢？

在如此忙碌的学习和工作中，邓文迪仍然没有忽视与沃尔夫的感情交流。沃尔夫对中国文化很感兴趣，他自己也会一些中文，也经常与邓文迪还有一些中国的朋友交流。沃尔夫最大的愿望就是到中国环游，经历和感受中国的风土人情，可以说沃尔夫是一个不折不扣的"中国迷"。所以当年的沃尔夫对于自己美丽又神秘的中国女朋友非常喜爱。

喜欢中国文化的外国男人一定是有一颗沉稳的内心的。中国文化不像法国的浪漫也不似英国的温和，这种文化深重而绵长，平凡无奇却又引人入胜。心性浮躁的人，根本就没有耐心去揭开中国文化神秘的一层又一层的面纱，探索它真正美丽的样貌。

说不清沃尔夫是因为喜欢中国而喜欢上了邓文迪，还是因为与邓文迪的交往不断沉浸在中国的迷人之谜中。感情本就是剪不断理还乱的一团乱麻，正因为乱，才会丝丝入扣、纠缠不清、回味无穷。

人世间最幸福的感情莫过于此，你深深依赖着的人温柔待你，懂你、爱你，不离不弃。

对于邓文迪来说，人生中还有什么比她的大学时光更幸福的时刻呢？学业上，她正就读于世界名校耶鲁大学，自己非常的刻苦努力，她可以预见自己今后一定是事业有成，前途似锦。情感上，她有一个非常爱自己的男朋友，不仅为她解决了捉襟见肘的经济危机，更给予了她精神上极大的关爱。

此时此刻，邓文迪无疑是幸福的，也是幸运的。世界上有七十亿人口，虽然她与沃尔夫终究没有走到一起，但他们曾经深深地相爱过。

但人生总是蜿蜒曲折的。它总会在你以为你自己行走上了康庄大道的时候，给你突然颠簸那么一下子。眼前的美景全部消失，只剩下一条狭窄而又阴森的小道，令人胆寒。

任何感情里都是有跌宕起伏的，而正是因为有了那些跌下去的部分，才会显得凸起来的那部分幸福是多么的难能可贵。

邓文迪与沃尔夫这段看似完美的感情之间最大的问题就在于邓文迪那颗好胜心。与杰克·切瑞的故事告诉邓文迪，男人都是靠不住的。哪怕沃尔夫对她很好，邓文迪也从来没有想过以后要完全依靠这个男人过生活。

邓文迪从小就十分的争强好胜，到了耶鲁大学自然也是这样。平时积极地出去打工挣钱，她的经济也没有那么的潦倒。在学业上巨大的成就让邓文迪收获了强烈的自信心。从耶鲁走出来的邓文迪会是一个坚强而独立的女性。

小时候因为父亲的缘故，邓文迪非常的没有安全感。邓文迪前两段感情在很大程度上也是因为男方可以给予她强烈的安全感。

所以当杰克·切瑞出现的时候，邓文迪毫不犹豫地就跟他走了。但现在的邓文迪与当年已经完全不同了，她有了自己的学业和经济能力，沃尔夫对她来说就显得不是那么的重要了。尽管沃尔夫很爱他，但沃尔夫对她来说只是在拼命努力之余满足情感的需求。

尤其是随着邓文迪学业的不断加深，她在世界名校里认识的人越来

越多，她的眼界越来越开阔，社交圈子与沃尔夫的交汇也越来越少。邓文迪的思想层面，眼光水平也不断地提高。邓文迪有时候甚至会感到她与沃尔夫已经不在一个精神世界。

知识量的不断积累让邓文迪有了一种非凡的优越感，原本对她来说宛如真命天子一般的沃尔夫也变得不再那么高大。现在的邓文迪不再需要任何人来安慰她，因为她自己已经完全可以照顾好自己，因为心灵的强大，所以好像沃尔夫对她来说也不再是那么的重要。

渐渐地，邓文迪与沃尔夫的交流越来越少，两个人的隔阂却越来越大，这一腔真情仿佛又遇到了巨大的挑战。

沃尔夫自然也发现了这一点，当时邓文迪和沃尔夫都还没有放弃这段感情的打算，两个人终于决定坐下来进行一场深切的恳谈。两个人都希望能开诚布公地讲出自己心中的不满，以及提出解决的方法。

但是爱情里的事哪有那么多的道理可讲？尤其是邓文迪认为自己的精神层面高于沃尔夫，但沃尔夫却咬着自己在经济层面的地位不放。两个人都认为自己才是爱情里占主导的一方，互不相让。

那场会谈没有起到任何的作用，反而差点让两个人的矛盾加深。

事实上他们的矛盾也确实在不断地加深，直到最后完全不能挽回的时候。戴维·沃尔夫前往北京工作并定居，邓文迪与其结束关系。

二、不变的真挚

很多人说邓文迪是一个谜一样的女人。因为你永远猜不透她在想什么，永远也不知道她接下来会做什么，你以为生活已经给了她当头一击，但是她立马又会重新站起来，与生活正面为敌。

女人的感情永远都是猜不透的，尤其是邓文迪的感情。你永远不知道她是爱还是不爱，是会坚持下去，还是马上放弃。

但在邓文迪的感情里有一点是永恒不变的，那就是她的真挚。

真挚的女人会把她的一颗真心全部捧出来，把她的一切都展示出来，男人可以轻易看透她的一切。但也正因为她的真挚，你以为你看到了她的一切，获得了一种油然而生的成就感。可女人总是善变的，当某一时刻她悄悄地多了一种性格的时候，男人就会很诧异，认为这个女人猜不透，而且很有吸引力。

　　为什么杰克·切瑞会不惜抛妻弃女也要和邓文迪在一起？为什么沃尔夫不顾邓文迪有夫之妇这样的身份也要和她在一起？还有后来的默多克，付了 17 亿美元的分手费后立马就迎娶了邓文迪。年轻时的邓文迪不丑，但也绝对算不上倾城佳人。那么为什么会有那么多的男人对邓文迪念念不忘呢？除却相貌，最大的原因应该就是邓文迪迷人的真诚。

　　"时尚教主"苏芒在采访邓文迪的文章中这样写道：

　　在派对上，她会把可能对你有帮助的朋友一股脑儿地介绍给你，即便从美国飞回来的第二天赶早为我们拍照，也细心地准备好自己钟爱的珠宝和 Wolford 丝袜（当然，特意从美国带来的晚装却被粗心忘记在飞机上，她倒是非常潇洒地当笑谈来讲，看不出一丝懊恼）。

　　……

　　第一次见到邓文迪，是在 IDG 全球高级副总裁熊晓鸽的家宴上，她高高的身材，微微卷曲的长发随意地搭在一边，穿着一件灰蓝色雪纺层叠纱裙，及膝的长度恰到好处地露出细长的小腿。她很快地向我走来，热情地打招呼："嗨！你好，我是 Wendi。"

　　后来，我发现这就是邓文迪的风格，直接、爽朗、说话办事干干脆脆。她的语速很快，无论说中文还是英文，总能很快把话题和你所熟悉的东西联系起来，她的热情很富有感染力，你会不由自主地和她变得很熟悉、没有距离。

　　……

　　热情勇敢面对生活，而不成天凄凄惨惨，哀哀怨怨，这是一个很有吸引力的性格。对于很多女人，一点情感的挫折，一点理想的挫折，都会让她不知所措，让她愁云惨雾，这不是值得赞扬的。勇敢的女人，应该是个快乐的女人，无论遇到何种困难都能坚强面对。而自信，是一个女人美丽的源泉。一个自信的女人，脸上随时都泛着阳光。

外媒曾经有这样一份调查：男人最喜欢什么样的女人？

调查结果显示最受男人喜爱的女人性格有以下几种：

值得赞扬的性格之首是调皮搞怪。许多外国男人认为，只有这个性格才能代表女人。男人不能有这个性格，不然不像男人。调皮搞怪是女人的专利，她可以在你严肃地指责她的时候，眼睛骨碌骨碌地乱转，偷笑着把你的衣服和凳子悄悄地绑起来；她可以在你郁闷伤心的时候，忽然穿得稀奇古怪从你面前跳出来。女人之灵气、可爱在这个性格上体现得淋漓尽致。

而排名第五的居然是脾气暴躁。别被吓着，就是暴躁，急性子。这种性格的女人可能会在跟你生活的时候，忽然不顺心就和你吵架，可能会在外人面前忽然跟你发脾气，可能会在你郁闷的时候猛骂你一通。

那么这种性格为什么值得赞扬呢？急性子的女人会在和你吵架之后不到 5 分钟，又开心地唱起歌来，会在外人面前发完脾气，又挽着你的胳膊笑言笑语，会在你最低落的时候用痛骂来鼓励你，有女如斯，岂不快哉？

排在后面的还有独立坚强，自信勇敢等特质，不太符合正常东方女人的特质。尤其是温柔可人这样的传统东方女性特征反而是被排在了后面。

并不是说温柔的女人就没有人爱了，只不过在现在的社会中，时代在进步，社会在发展。女人作为妻子并不像以前一样，只需要在家里烧水做饭带孩子。更多的对男人是一种助力，她们也会赚钱养家。在男人工作不顺利的时候也会给他们一点提醒，一点精神上的鼓励，甚至与他们并肩作战。

尤其是那些事业越发有成的男性，更是需要一位性格强硬的妻子。

邓文迪的性格显然是很符合男人们的审美的。

第三章　与切瑞夫妇的情感纠葛之谜

她不仅性格坚强，同时也非常真诚，想到什么就说什么，想做什么就做什么。对于很多男人，平日里一整天忙碌的工作已经很辛苦，如果还要花大部分的时间来猜测妻子的心思，是一件很痛苦的事情。

再加上邓文迪的高学历高情商，无疑会显得非常的睿智。睿智的女人就像一首诗。在不动声色之间让男人领悟，明明不刺眼，但就是能让男人下意识地看向她，眼里心里都是她。文静是一种淡淡的幽香，虽然没有激烈的感受，却有着持久的魅力。睿智的女人，会让你更理解和珍惜生活。这个性格，对于女人，很难得。

除了邓文迪的学历和为人处世，男人最喜欢的就是邓文迪向阳花一般的性格，每当人们谈起邓文迪时总是不忘将一将她那开挂一般的经历，可是，邓文迪在遇到她的每一位男朋友时好像都不在人生的巅峰时期。

比如当邓文迪遇到杰克·切瑞的时候，她正在纠结如何才能克服眼前的困难赴美留学；当邓文迪偶遇沃尔夫的时候，她正在为如何支付自己耶鲁大学高昂的学费而困扰；就连遇到默多克的时候，邓文迪也是作为一只职场菜鸟，在公司里苦苦挣扎，想要谋取一个更好的职位；甚至包括邓文迪遇到她现在那位小男友时也是在邓文迪与默多克离婚，所有媒体都打算看邓文迪笑话的时候。

为什么在这种不如意时期的邓文迪反而能收获男人的喜爱呢？

困境是生命给予人类最丑恶的磨难，从来没有人会去赞美困境，就算有，也是赞美那些战胜困境的人。而那些与困难作战的人之所以会受到赞美，是因为他们所表现出的强大的意志，而这种意志让他们在丑恶的困境里显得耀眼起来。

他们在困境里微笑着，去唱生活的歌谣，不要埋怨生活给予了太多的磨难，不必抱怨生命中有太多的曲折。当他们毫无畏惧直面困境时，人们自然会对他们投以美好的感情。

换句话说，在困境里挣扎的邓文迪是吸引人的，这让她那太阳一般的热烈完全地绽放了出来。

大海如果失去了巨浪的翻滚，就会失去雄浑；沙漠如果失去了飞沙的狂舞，就会失去壮观。人生如果仅去求得两点一线的一帆风顺，生命也就失去了存在的意义。

　　这样的邓文迪尽管不太像那些柔柔弱弱的平凡女子，在女子堆里似乎就是一个突兀出来的个体，但也有其自身的发光点。比起女人的温润，男人其实会喜欢更热烈一些的东西，他们枯燥乏味的人生需要一些更强烈的刺激。男人会喜欢更新异一些的东西。

　　想象一下，假如在一个筐里，有一百颗白色的球和一颗红色的球，抓住你眼球的会是哪一种颜色呢？

　　尽管白色的数量远远多于红色，但红色球的优势在于它是整个筐里唯一的颜色，怎能不吸引人呢？

　　邓文迪在男人眼中也许就是这样的存在，大部分的女人都小心翼翼，不敢将真实的自己展示出来，害怕自己的与众不同会遭到别人的非议，小心而又谨慎。她们从众而且随大流，明明每个人生来都是与众不同的，可是她们白白让自己成为了别人的复制品。

　　有一首古诗云："痴心做处人人爱，冷眼观时个个嫌。觑破关头邪念息，一生出处自安恬。"古人为我们描绘了一帧为人处世的画幅，是从两个极端说起的。一般人容易走这两个极端，而不能恰如其分地把握自己。

　　世事纷繁，人事复杂，我们不可能一路地左右逢源，也不可能一味地八面玲珑。在世俗圈子里痴心表演，人会活得不真实、不轻松、不自在；超凡脱俗，远离人间烟火，清高处世，也只不过是人们的一种幻想。我们要活得自在逍遥，只有自然地做真实的自己，既不去"痴心做"，也不去"冷眼观"，要像古人说的，"觑破关头"，由心由己，不要去害怕别人的"个个嫌"。

　　当一个人把自身人格安全地散发出去时，人格魅力也就会在此时随之产生。

第四节 国外生活的开端

一、生活不止眼前的苟且

很多人认为即便没有嫁给默多克，邓文迪也会成为非常优秀的职场精英，因为从小到大，她都非常上进、热爱学习，做事很拼命。但是事实上，好像是去到美国后邓文迪才渐渐找到自我的方向，以及她自己的个性，美国教育到底又给了她什么呢？

邓文迪说，到美国后她的第一个发现就是留学生中优秀的人很多，自己并不是最优秀的，所以心态很平和，她就是来学习的，大家都打工，所以不以为苦，相反很有意思。

我们得承认美式教育与中式教育有很大的不同。

美国和其他欧洲或者资本主义国家的教学模式与中国的有很大差异，

巨人之路

谜一样的女人：邓文迪传

最明显的就是教学时间的长短。比如从小学到大学，学生们每天学习3至4小时，其他时间交给学生自己支配，学习自己感兴趣的额外知识。

美国教育的特色是不重视学生的成绩，不以成绩区分胜者和败者，其教育的侧重点在于个人能力的培养与发挥；激发学生思维，让学生变得更有创造力和动手能力；强调要让每一个孩子真正享有实现其自身潜能的机会，而不仅仅把精力放在成绩上。换而言之，美国模式是对能力的绝对评估，与中国"一考定终身"的教育模式完全相反。

但是，中国的应试教育也不是没有好处，如果你确实认真地学习了，那么你的基础档次会比欧美国家的同龄学生高一大截，也就是说中国学生在数理化、地理和历史的知识掌握和理论方面比外国学生强太多了。由于美国教育的侧重点在于实践能力的培养，所以学生的学习能力是比较差的，学生的课程难度较小。这也就导致美国学生的基础知识差，美国的教育水平很低，只会加减不会乘除的美国人竟然也大有人在。

但是诺贝尔奖获得者以及可称为高中生诺贝尔奖的世界科学技术大会的金奖几乎被美国人独占，这就是美国模式教育最大限度发挥孩子们的擅长才能的结果。并且，美国用科技创新制造的财富，也是世界首屈一指的，这也是美国教育下产生的结果。

赴美留学的邓文迪经常会发现很多留美的中国学生貌似与美国高中生一样都达到了美国大学的录取要求。可是，进了大学问题就显现出来了，很多时候他们是课堂上"沉默的大多数"，美国大学课堂上开放式的讨论让他们无所适从。更有甚者，有人因考试作弊和论文抄袭而被学校开除甚至受到法律的惩罚。

邓文迪在耶鲁大学这样一所世界级的高等学府里最应该学到什么呢？一开始连她自己也是迷茫的。她的导师曾经跟她说过这样一句话："You are good at what you love；you love what you are good at."

从心选择，兴趣最重要。

爱因斯坦说过："兴趣是最好的老师。"科学研究表明，学习兴趣是学生进行学习的强大内驱力，学生一旦有了学习兴趣，注意力就会高度集中，思维就会异常活跃，学习活动就会随之变得愉快，学生就能高效率地掌握知识技能。从某种意义上讲，学生的学习兴趣比智力因素在学习过程中起的作用更大。

在耶鲁大学学习时，是邓文迪一生中最快乐的时光，邓文迪常常回忆起那段无忧无虑的时光："仿佛全世界优秀的人在一起做朋友，坐在花园一样的校园里，成天在一起聊天、谈理想、谈世界大事、人人都关心政治、世界和未来。"

邓文迪在耶鲁的同学都很成功，也爱好广泛，她那时非常热爱媒体，还在耶鲁大学戏剧学院听了很多课，对媒体和电影非常感兴趣，那时候的邓文迪灵机一动，为什么她就不能进这样一家传媒的大公司找份工作呢？

邓文迪就读于耶鲁大学商学院，坚定了自己对未来的想法以后，她选择了主修电影媒体类的专业。邓文迪在她的电影《雪花秘扇》的宣传会上说起："我爱媒体。"

1985 年，当邓文迪还在为出国无门而感到忧愁时，默多克正在以 15 亿美元收购美国第四大电视集团"都城媒介公司"属下的纽约、洛杉矶、芝加哥、休斯敦、达拉斯和华盛顿六家地方电视台，以"默多克旋风"轰动了西方世界。

或许就是在邓文迪下定决心踏足传媒业的时候，邓文迪就命中注定与这位传媒大亨结下了不解之缘。

在邓文迪选修媒体这个专业时，尚处于 20 世纪 90 年代，传媒界还是传统大众传媒的天下，邓文迪能选修新媒体这个行业可谓非常有远见，也可以从中看出她的冒险精神。

耶鲁大学的校长说："每一个耶鲁大学的学生都应该有远大的抱负，要不然就不应该来耶鲁大学读书。"

在耶鲁，邓文迪重新找到了自己的人生理想。

每个人都有梦想，它是人人所向往的。小学时，邓文迪的梦想是每天都不要有很多的家庭作业要做，玩耍的时间一点点被剥夺。上初中的时候，邓文迪的梦想是成为一名尖子生，回到家能受到家人的表扬，在学校能受到老师们的肯定，在同学之间能有鹤立鸡群的表现。

后来邓文迪有了一个出国梦，她慢慢懂了做人的辛苦、社会的现实和实现梦想真的是太难太难，不过还好她仍在努力，努力为了梦想和将来的生活而起早赶晚，把握自己不再松散。

梦想像一粒种子，种在邓文迪心中的土壤里，尽管它很小，却可以生根开花。经历了人生那么多的起起落落，邓文迪依旧是一个追梦人。

其实邓文迪也知道，时间在变，世界在变，站在耶鲁大学里的她早已不是当年在徐州小巷里跟小伙伴一起跳皮筋的那个小女孩。她的梦想也早就换了好几拨，但是自始至终，无论何时她都是一个有梦想的人。

人应该有一个梦想，不是为了用"梦想还是要有的，万一实现了呢"那样侥幸的心理来安慰自己。而是梦想有一种催人奋进的神奇力量，梦想不一定都能实现，但它却可以作为一种动力，促使人不断地前进。

没有梦想的人，就像生活在荒凉的戈壁，冷冷清清，没有活力。

邓文迪怀念她在耶鲁读书的时光不是没有道理的，作为一个为了追逐梦想而奋斗的学生，那段时间应该是充实而快乐的。

而且大学里的人群相对地单纯，没有社会上那么多千回百转的心肠，你可以很调皮地从背后拍下辅导员的后脑勺，没有人会怪你没大没小，不懂规矩。而离开大学以后，社会的条条框框经常会压得这些初出茅庐的大孩子喘不过气来。

那个时候才会意识到，学校是多么的美好，从而引发无尽的分外怀念。

生活不止眼前的苟且，还有诗和远方的田野。邓文迪也许就是怀揣着这样的梦，踏上了她的一场新征程。

1996 年，邓文迪从耶鲁大学商学院毕业，获得 MBA。

第三章 与切瑞夫妇的情感纠葛之谜

二、摆脱过去

邓文迪从耶鲁大学毕业以后，想必她自己也已经发现了，有些事情已经悄无声息地改变。

在从广州一个普普通通的小姑娘，到赴美留学完成耶鲁大学的学业，取得 MBA 的证书的十年里，邓文迪经历了两段刻骨铭心的感情和一场说不清道不明的婚姻。

赴美留学这十年，对于邓文迪来说，除了知识上的收获，更重要的是她为人处世上的巨大转变。

十年前在广州医学院就读的邓文迪，只是一个普普通通的中国女大学生，与其他的普通的女孩子没有很大的差别。如果说有，也许是邓文迪骨子里带出来的一份坚强倔强，但这一点邓文迪至今仍未改变，而改变的是其他一些看不见摸不着的东西。

比如过去的邓文迪，因为家庭条件不够优越，自己的父母对自己也不喜爱，所以邓文迪骨子里就是有一种不自信的，尽管她的老师和同学都会说这个女孩子在读书的时候非常大胆，但是那同样也是因为她的不自信，所以才需要大胆地去表达自己的意见，博取别人认可的眼光来维持自己的自信。

古人说厚积薄发，说明知识面对人的自信和表达有很重要的影响，不断开拓自己的知识的基础，对于一个人提高自信有很大的助益。

而邓文迪在美国留学期间，见识了很多优秀的人，经历了很多的事情，她的知识储备量得到了巨大的提升，她为人处事的方法也得到

了磨炼。若说留美归来的邓文迪与曾经的邓文迪有什么不同，表现得最明显的应该就是她的自信心得到了极大的增长。

以前的邓文迪是属于那种"半瓶水响叮当"的类型，因为对自己不自信，所以还经常会同老师同学争辩，大声而激烈。但是等到邓文迪对自己真正充满了自信以后，她就变成一个沉稳的人，当有人与她的意见不同时，邓文迪常常也只是报之一笑。如果她有兴趣，也许会与人讨论切磋一下，但是大多数时候她不会同别人争辩，这是一种来自于自己心底的自信，哪怕她不同别人争辩，她也知道自己是对的。邓文迪的优秀，再也不需要别人的认同。

人生在世，做一个自信的人是很幸福的。自信的人总是说自己想说的话，而不是看他人的脸色，说别人想听的话。能够直接而坦诚地说出自己的意见，甚至是缺点，这种坦诚的性格是对自己充满自信的表现。

尤其是在重大或关键的问题上，自信的人总能表现出一种果断的品质和作风。由于自信的人勇于承担责任，不会因为事关重大就优柔寡断，不会想着逃避不好的结果而瞻前顾后，因而保持一贯的果敢作风。

还有就是对社会的感悟，邓文迪从小就是家里和学校两点一线。学校是一个很单纯的地方，家里人就算不是很喜欢她，也不会有过多恶毒的行为。在邓文迪留美刚开始的那段时间，邓文迪感觉自己仿佛一下子从一个三岁儿童的世界跨入了成年人的社会中。

邓文迪一个人到了一个陌生的环境里，她的背后再也没有家人作为依靠，她的周围再也没有熟悉的朋友和师长。她原本擅长的和自诩的优秀在这里全都变得极为普通。她再也不是老师、同学、家人眼中那个自带光环的少女，而是一个普普通通的异乡人。

不仅如此，社会的现实也给了她迎头痛击。她过着最贫困的生活，需要自己每天辛苦地打工赚钱才能够保证她的基本生活。在邓文迪最艰难的时候，她甚至洗衣服和洗脸共用一块肥皂。

在社会底层挣扎过的人才会明白爬上去是多么重要的一件事。后来有很多人说邓文迪利欲熏心，为达目的不择手段。但那是因为她经历过社会底层那种最痛苦的肮脏的不堪，所以金钱和权力对她才会有那么强烈的吸引力。

金钱对一些不求上进的"富二代"就没有吸引力，所以他们败家通常也败得很快。但等到他们身无分文之后，他们很快就能重新燃起对财富强烈的渴望。

在《了不起的盖茨比》里有这样一句话：在你批评别人的时候最好想一下，也许别人并没有过你所拥有的那些优越的条件。

很多责骂邓文迪的人，也许她们的人生一帆风顺，从小到大没有吃过一点苦，没有受过一点委屈。当然不会明白邓文迪这种强烈的好胜心到底由何而来，不明白邓文迪这种不服输的精神到底有什么意义。

除了这些，邓文迪在留美期间的人生经历也对她以后的工作生活有很大的影响。

在这十年，邓文迪经历了从一个懵懂少女到家庭少妇再到重回热恋中的少女这样戏剧性的转变。在这如心电图一般一起一落的情感故事里，邓文迪也在不断地成长。

对于天底下所有未经人事的小女孩来说，她们心里面仍旧住着一个高大英俊、家世优越、身骑白马的王子，她们少女时期的梦仍旧冒着粉红色的泡泡不断发酵。

邓文迪也曾经是她们中的一员，但是她很快就明白了，社会的现实与梦中的美好是完全不同的。

邓文迪也曾在一时冲动下步入婚姻的殿堂，但是那场她原本以为圆满的婚姻却是悲剧收场，收获的

巨人之路

谜一样的女人：邓文迪传

仅仅是一个小三的骂名。而那场婚姻的另一方杰克·切瑞似乎也没有好到哪里去，妻离子散，悲剧收场。

这就是社会现实。有人的感情如童话一般圆满，可是对于有的人来说就算是童话，那也是一个由巫婆作为主角的黑童话。

也正是因为大部分人都不幸，才会显得那小部分的童话是那么的美好。

而在邓文迪的另一段感情中，沃尔夫应该是她人生中最大的遗憾吧。他们在彼此最美好的年华相知相爱，相伴而行，但是最终却因为种种原因遗憾地分道扬镳。

人生啊，好比一场有去无回的旅行。当你乘上了这趟前行的电车，车上的人来来往往走走停停，你不知道在哪一站会有多少人下车，也不知道在哪一站会有多少人上车，有多少人走近你的身边，又有多少人会永远地离去。

这两段刻骨铭心的感情教给邓文迪的是：人生已经如此的艰难，人只有自己不断地努力才不会被历史的洪流冲走，想要获得幸福，就要成为人上人。

我们不能评价邓文迪这种世界观是好或者是坏，对或者不对，因为那就是她的人生，她经历的、感悟的、收获的就是这些。别人的人生经历，别人的痛苦与心酸是我们永远也感受不到的。

子非鱼，焉知鱼的辛酸苦辣？

1995 年获得美国耶鲁大学 MBA 的邓文迪就踏着她的青春岁月，缓缓归矣。

如果说前面的故事是为了塑造一个完整的邓文迪式的人格，那么，接下来就是她传奇人生的真正开始。

第四章 默多克家族：传奇女人离婚记

第一节　一个实习生的野心

一、一张昂贵的飞机票

1996 年拿到耶鲁大学 MBA 的邓文迪购买了一张机票，她打算衣锦还乡了。世界上排名前列的学府大多在美国，而这些学府每年会产出成千上万的优秀学生充斥在人才市场。邓文迪学习的专业是传媒类，但是在美国拥有好莱坞这样传媒界泰斗的机构，从来不缺这类的人才，反倒是国内传媒业迅速发展，人才紧缺。

邓文迪的学历不算低，但是在美国比她优秀的大有人在。美国的人才市场早已饱和，在美国似乎没有多大的发展空间，所以邓文迪将目光重新投向了国内。

不得不说十年的美国留学之旅确实改变了很多，按说邓文迪只是一个刚刚毕业的大学生，经济仍然不是很宽裕，但是在她购买机票的时候，却刻意地选择了价格昂贵的头等舱，而不是更加实惠便宜的经济舱。

有人说这是邓文迪刻意为之，是为她毕业后结识更多的上流社会的人做的准备。但也有人说哪有那么巧的事情，只要购买一个头等舱就可以偶遇到经济界的大佬。也许邓文迪只是辛苦挣扎了十来年，想在回国的时候风光体面一点而已。

但缘分就是这么奇妙。邓文迪在回国的途中，她的邻座刚好就是 StarTV 的副总。性格开朗、活泼大方的邓文迪很快就获得了这位赏识年轻人才的副总的另眼相看。在邓文迪回国的飞机还没有落地，她就已经获得了 StarTV 的实习生位置。

无论这是缘分还是心机，但就在邓文迪在 StarTV 开始工作以后，邓文迪踩着她开挂的人生，横冲直撞一路前进。

StarTV 也就是星空传媒，它是亚洲电视业的领导者，星空传媒集团已远远领先亚洲其他跨国媒体集团。由印度至台湾，星空传媒覆盖 53 个国家，超过 3 亿人口，通过 50 个本土化频道、9 种不同语言播放高素质的娱乐、体育、电影、音乐、新闻节目及纪录片；每天为观众提供多元化的节目，在亚洲是一家非常有实力的传媒公司。

留学归来的邓文迪终于以她的新身份：耶鲁大学 MBA 毕业的高才生，开始了她的职业生涯。

在星空传媒实习的几个月里，大家很快就认识到邓文迪是一个非常活跃的女孩子，在其他人只知道埋头苦干的时候，她娇俏的身影总是会不停地穿梭在各个办公室里，带着她热情的微笑跟办公室里的每一个人打招呼："嗨，你好，我是实习生 Wendi。"这一点给星空传媒的高管留下了很深的印象。

刚开始的时候，邓文迪在同事间的人缘也非常的好，她会和女生交流当前最热门的时尚八卦，也会和男生谈一些运动新闻、时事政治之类的话题。用八面玲珑这个词来形容邓文迪毫不为过，她似乎知道如何与每一个人相处，也知道怎样才能打入每一个小集体内部。

但是从心理学的角度来说，人向来只会更倾向于和同自己平等甚至略次于自己的人相处。

在《暗黑心理学》这本书里，开篇就有这样一个小故事：一个父亲在他大女儿 4 岁时将女儿送到任职公司附近的一家日托中心。有一天他去接女儿的时候，但看到女儿用粉笔在一块挂得很低的黑板上画画。女儿看到爸爸后就缠着他，要他帮她画画。父亲帮女儿画了画，但巧的是另一个小女孩也紧挨着女儿在旁边画着。没过多久，女儿又接着爸爸的画开始画了起来。就在这时，另一个女孩的妈妈走了过来，一眼看到她女儿孩子气的涂鸦以及旁边女孩父亲的画，这位母亲的脸上表现出强烈

的震惊和不解。

"这……这是她画的吗？"

"不、不、不，是我画的。"

母亲脸上的表情瞬间转为掺杂着尴尬的如释重负。

那两幅画对于那个母亲来说，无疑是一次重击。当她猛然发现别人家的孩子拥有如此的天赋，远高过自家的孩子时，就会让她备受煎熬。但当她发现那幅画是女孩的父亲画的，固然让她有些尴尬，但对她来说却是一个喜讯，别人女儿天资聪颖的光环消失了，这让她放下了心里的大石，甚至多少还有些幸灾乐祸的意味。

人总是喜欢与其他人比较，并在此基础上评价自我。随之而来的种种情绪往往会渗透我们的生活，正如优越感会带来快乐一样，自卑感令我们垂头丧气。一个简单的事实是，发生在他人身上的不幸，能帮助我们提高优越感，这就解释了为什么人们总是免不了幸灾乐祸。

对于星空传媒的其他实习生来说，他们一开始是非常愿意和邓文迪成为朋友的。因为邓文迪性格开朗，总是活跃在各个人际圈子里，可能这些人与邓文迪交友也有一个很深的目的，就是希望邓文迪能带他们也融入她那个活跃的人际圈子里，而且他们认为像邓文迪这样忙于交友的人业绩不一定会很好。

但这个明明平时看起来没有他们努力，只是频繁出没于各个经理办公室的邓文迪，业绩却不比他们差。这让其他的实习生产生了强烈的愤懑不平。连带着他们对邓文迪的那份喜爱也受到了强烈的冲击，甚至很多人在背后对邓文迪窃窃私语。

其实仔细想想，这并没有什么想不通的。在传媒公司工作本就不是只要埋头苦干就一定能取得业绩的。传媒更多的是对受众心理的一种把握，传媒工作者要想尽办法把自己想要传递的信息传达给受众，让他们有效地接受，并为之产生行动。强大的说服力远比埋头不断地工作更有效。

但是人就是一种很容易走进死胡同的生物，尤其是那些自己拼命努力了很久，却发现一个完全没有努力过的人，轻松地超过了他们时。这种心理巨大的落差，让他们产生了强烈的不平衡感，邓文迪很快也意识到了这一点。她发现原本和她很要好的朋友竟然渐渐远离了自己。

或许在那个时候，邓文迪强大的交际手腕已经开始渐渐地散发出光芒。对于其他的人来说，遇到这样的境况也许会让他们非常的痛苦，不知所措，甚至会影响自己的工作进程。但是邓文迪的厉害之处就在于当她发现了这一尴尬的境况之后，不知道她采取了什么样的措施，但是邓文迪与其他人的关系竟然也渐渐地缓和了下来，并且有越发亲密的架势。

一个人强大的人格魅力莫过于此了吧？在一个陌生的环境中，可以与大多数人成为朋友，当其他人产生了隔离与隔膜时，却又能很快地处理好这次危机，并且与其他人更加的亲密，让其他人对她赞不绝口。

当人们不断地去挖掘邓文迪的往事时，当年星空传媒的老员工提起邓文迪，似乎没有多少人会有负面情绪。大多数的人都只记得邓文迪是一个性格开朗、活泼乐观的女孩。

在这个世界上，每个人都是有自己的天赋的。但很多人终其一生也没有看清自己的天赋到底是什么，认为自己做这个不行，做那个也不行，白白蹉跎了一生，碌碌无为。

而邓文迪很幸运，她选择的传媒正是她所擅长的方面。虽然在别人眼中，邓文迪花了很多的时间来和其他人搞好关系，但事实上该尽的努力，该洒的汗水她一滴也没有落下。只不过或许真的是天赋使然，在别人看来很痛苦的工作，邓文迪总是能轻松搞定。

而且邓文迪在星空传媒并非只是扮演了一个执行者的角色。公司派给她很多的工作，她不仅都能够出色地完成，更有很多自己的见解。很多时候邓文迪甚至能给她的上司一个惊喜，将安排给她的工作120%地完成。当邓文迪发现上司的决策有失误时，她甚至会当面给上司指出来。

这样一个工作能力超群又能跟其他同事处好关系的员工，很快就在

星空传媒扎下根来。

二、不想当老板娘的女员工不是好员工

早在 1993 年，号称亚洲最大的星空传媒就被世界传媒大亨鲁伯特·默多克的新闻集团分期全资收购。也就是说，邓文迪在星空传媒任职期间，默多克就是她的终级老板。

那么这位普普通通的女员工又是如何成为公司的老板娘的呢？

这是一段很传奇的爱情故事，所以关于这段爱情故事的版本也有很多。灰姑娘的童话故事总是被人们津津乐道，甚至有人说邓文迪是在一次宴会中把一杯红酒泼到了默多克的西裤上，两人就此结缘。

1998 年，著名八卦专栏作家丽兹·史密斯在《纽约邮报》上爆料出一个不一样的版本是：默多克和结婚 31 年的妻子安娜和平分手后，默多克的公司构思了一个能被公众接受的说法：默多克和邓文迪是在他和安娜分手之后才认识的，当时邓文迪陪同默多克去北京出了一次差。

还有另一个版本是：默多克和邓文迪是在此前星空卫视的一次聚会上认识的。当时员工们聚集在香港九龙华丽的新总部大楼，向默多克问一些无关痛痒的问题。期间，邓文迪站了起来，用有点蹩脚的英文问默多克："为什么您在中国的策略那么糟糕？"因为默多克的回答令自己不满意，邓文迪在会后找到默多克，两人一起聊媒体，聊中国，聊商业。当所有这些东西出自一个年轻漂亮的女人时，默多克心池荡漾。

　　不过显然，这样过于戏剧性的情节仿佛并不切合实际。

　　默多克不是一个善于掩饰自己的人，他在他的中文访谈里说，一个月，征服世界的男人必有一个勇猛敢于竞争好斗的妻子。默多克和邓文迪是不是真爱，很难猜测，但默多克娶邓文迪绝对不是因为邓文迪那一点商业才华。

　　根据《对话》节目 2011 年播出的时候默多克和邓文迪所说的，他们的相遇仿佛没有那些桃色新闻那么的浪漫。不过就是默多克来到中国出差，而当时备受赏识的邓文迪就是他的随行翻译。

　　经过几天的相伴，默多克对于邓文迪这个迷人的中国女人念念不忘。从那以后，默多克来到中国的次数越来越多。

　　无疑，那个时候的邓文迪是迷人的，不仅仅是因为她的年轻貌美，相信所有熟知邓文迪的人都知道，邓文迪的魅力根本就不在于她的容貌，

而是在于她爽朗的性格。

老实说邓文迪这个名字给人的感觉就非常的生硬冰冷，甚至近来流传出的一些照片也可以看出邓文迪的容貌越发的坚毅，并不像一个普通温婉的东方女子。但是只要这个女人走近你，当她开口跟你说话时，你就会被她爽朗的性格、轻快的语气所带动，你会不由自主地进入到她的世界里，被她开朗的性格所吸引。你再不会忍心用任何一个不堪的词语来描述她。

默多克会喜欢上邓文迪，其实一点也不奇怪。他与他的上一任妻子安娜的婚姻已经在风雨飘摇中挺过了30年，他们的爱情城堡早就被岁月磨得千疮百孔。维持着他们的婚姻的不过是安娜在新闻集团中也有职位，涉及的都是一些利益纷争。而一旦他们离婚，默多克就会把他的财产至少分割一半给他的妻子安娜。

默多克是一个商人，贪得无厌是他的本性。对于默多克来说，这是他不愿意看到的。

当然，默多克越来越频繁地来到中国，也不只是因为邓文迪。那时候默多克的商业帝国早就横跨五大洲，但是中国这个市场尚未完全开放，还有很大的开发空间。默多克早就盯准了这一点，这也就是为什么他当初会花那么大的代价收购星空传媒。

默多克更是一个很有远见的人，比如他在十年前就从微软公司挖人到他的传媒公司里来。在当时很多人都很不理解默多克这一行为。甚至连被他挖过来的那个人也很不明白为什么默多克为什么会出那么高的薪资，聘请他到这个他完全不熟悉的行业。

事实上，默多克早就知道，当大众传统媒介发展到顶端的时候，时代的分水岭就会出现，新媒体迟早会称霸天下。如果他的新闻集团依旧只发展传统媒体的话，那么他们的传媒帝国迟早会走向灭亡。

默多克知道媒体行业是一个需要注入新能量的行业，他跟他手底下的员工说，在招聘的时候一定要招聘一些年轻人和懂得新技术的人，这

对于他们公司的未来有很大的帮助。

默多克当年以一部《泰坦尼克号》让他的福克斯公司彻底在好莱坞立足。《音乐之声》《埃及艳后》，甚至《阿凡达》都是出自福克斯公司之手，其强大的商业眼光不言而喻。

而在 20 世纪 90 年代，默多克盯上的不仅是中国市场，还有邓文迪这个迷人的中国女人。

而邓文迪对默多克是什么样的态度呢？

根据节目中邓文迪和默多克自己亲口所说，当年默多克追求邓文迪的时候，邓文迪是亲口拒绝过他的。拒绝了自己的老板以及一位亿万富翁，不得不说邓文迪是一个很传奇的女人。

在经历了与杰克·切瑞和沃尔夫这两段并不圆满的感情之后，邓文迪对感情似乎没有了太多的渴望，她将自己全部的心思都投入到了工作上。在工作中，邓文迪积极而又认真，把自己在耶鲁大学里学到的所有东西通通付诸实践。

更何况邓文迪知道默多克是有妻子的，她并不想再做一个插足别人婚姻的小三。所以当默多克追求她时，邓文迪选择了拒绝。

任何一个女孩子在被人追的时候，心里都是很复杂的。她也许很开心，但是又带着点惶恐，她对这个闯进自己平静的生活的男孩子，有着欲拒还迎的矛盾心理，她不是故意的。不要以为她在考验你，她其实也在和自己斗争，她怕受到伤害。

在邓文迪和默多克结婚后，她放弃了所有的工作，安心在家相夫教子。其实回想一下，如果当初邓文迪没有与默多克结婚的话，她说不定也会在自己的事业中闯出一番天地来。

很多人说邓文迪靠男人上位等等，但是邓文迪在结婚之后明明放弃了她正处于上升期的事业，安心在家相夫教子了好几年，都没有踏足商业圈一步。这又算什么上位呢？有谁上位是会上到放弃工作的？

其实邓文迪的每段感情都是用情、用心、用力的，只不过她的感情

太过传奇，普通人没有经历过，也不懂她们这样的感情。人们会像那个看见女儿画画的母亲一样，用最大的恶意去揣度别人，不过就是为了给自己心里找一点平衡感。

2011年央视的《对话》节目是邓文迪与默多克夫妇少有的同框画面。在节目中主持人经常会问一些关于两个人情感之间的问题，主持人甚至还问过默多克：李冰冰与邓文迪谁长得好看？如果换作其他的男人可能还会考虑一下，如果选错了，会不会得罪谁。但是默多克毫不迟疑脱口而出，说是邓文迪。

两个人在节目里举手投足间的默契是不可能装出来的。无论他们两个的婚姻持续了多久，以怎样的方式收场，但是请相信他们之间一定是有过爱情的。是爱情，让这一对无论怎么看都是天差地别的男女走到了一起。

东方人与西方人之间的情感观念差异是很大的。东方人总认为在一起就是要天长地久，一生一世，但是这样的感情对于西方人来说却是很难做到的。西方人追求及时行乐，他们爱了就是爱了，有了感情就想在一起。我们可以说西方人的感情观不如东方人成熟，但是我们决不能否认他们感情的存在。

那个时候默多克与安娜已经没有了感情，他们的婚姻只是一个空壳，两个人早已分居多年。当年默多克不与安娜离婚只不过是因为他并没有其他心动的对象，而且如果他与安娜离婚，他就要付高额的分手费，甚至会把自己一半的财产都拱手送给安娜。

但是现在他遇到了邓文迪，他又重新燃起了对感情的希望，他想

要挽着这个女子的手共度余生。所以默多克不惜付了17亿美元的分手费也与安娜离婚，他想要娶邓文迪。

1999年，在纽约港，82名宾客在默多克155英尺长的游艇上见证他和邓文迪的婚礼。

第二节 婚姻是爱情的坟墓

一、女儿降生排众议

新婚之初，很多人关注默多克的改变：不自然的染发、Prada西装、健身计划和新顶层豪宅。同时，邓文迪的朋友们经常说，金钱并没有给邓文迪带来原则性的改变，但是默多克的巨额财富的确影响了她。

邓文迪曾经用同一块香皂既洗衣服又洗脸，几乎不化妆，更别说享受那些奢侈的特权服务。但嫁给默多克的邓文迪仿佛打开了另一个世界的大门。聪明睿智的邓文迪很快学会了享受巨大财富带来的便利。当默多克在欧洲各大城市谈生意时，伴随他左右的邓文迪会购买玻璃器具和各种餐具，还有窗帘等来填满自己的新家。

邓文迪是有野心的，她在美国留学期间收获的最重要的不是她的学历，而是她不断进取的梦想。但正是青春年华，胸怀雄心壮志的邓文迪，却为了这个叫做默多克的男人，一度放弃了她的梦想，乖得像一只猫咪，留在丈夫的身边，为他做羹汤。

在默多克与邓文迪的婚姻中，人们总是习惯把邓文迪看做一个蛇蝎心肠、想尽办法破坏别人婚姻的小三。但是邓文迪为这段婚姻所付出的人们却从未看到。

邓文迪是一个很少会委屈自己的人，好胜心特别地强。在默多克与他的第四任妻子霍利宣布婚讯的时候，邓文迪立马就牵着她的小男友出

第四章 默多克家族：传奇女人离婚记

门遛了一圈，给了默多克狠狠一击。

不知在那个时候邓文迪是否还记得，她也曾为了这个叫做默多克的男人把自己大好的青春年华圈养在默多克的豪宅里。

一开始邓文迪在与默多克的婚姻里确实是受委屈的一方，默多克这样一个亿万富翁，结婚时到场宾客不过82人，只是在一条游轮上见证了他们的婚姻，各方媒体也没有轰轰烈烈地进行报道，只有一小部分的报纸在不显眼的位置提到传媒大鳄默多克的三婚对象：邓文迪。

造成这个现象，默多克的第二任妻子安娜"功不可没"。

直至默多克与安娜离婚，他们俩的婚姻维持了总共31年，在美国的法律中，结婚超过30年的夫妻离婚时可以平分财产，所以当默多克提出要跟安娜离婚娶邓文迪时，他们两个之间拉开了一场激烈的法庭斗武，双方都请了最有名气的律师为自己辩解，围绕着默多克巨额的财富，两个人辩得难分难解。

默多克聘请的金牌大状最终胜诉，可怜的安娜在默多克上百亿美元的财富里不过只分走了17亿美元。当媒体的话筒到安娜面前时，安娜的悲痛应该也是发自内心的，她说："这不仅是我婚姻的结束，也是我生活的结束。"

安娜在离婚的时候甚至与默多克签下协议：除非邓文迪能为默多克生下孩子，不然默多克死后邓文迪不能够继承他的一分钱财产。

虽然安娜和默多克之间早已没有了感情，但是当安娜还是默多克的妻子的时候，她拥有的巨额财富是不可估量的。而默多克执意与她离婚之后，失去了默多克这一棵巨大的摇钱树，安娜的内心想必是很绝望的。

所以早就知道默多克患有前列腺癌，不能够生育的安娜与默多克定下这样报复性的约定，安娜不希望她与默多克共同打下的江山被邓文迪这个半路杀出的程咬金分去一杯羹。

而且安娜与默多克的三个子女都在默多克的新闻集团担任要职。安娜单纯地以为只要邓文迪与默多克不能够生下孩子，而邓文迪又不能继承默多克死后的财产，等到默多克去世以后，新闻集团还是归她和她的子女所有。

但是在安娜与默多克感情不和的那些年，她只知道默多克患有前列腺癌不能生育，却不知道默多克已经悄悄地把他的精子提前冷冻了起来。

而就是利用默多克冷冻的精子和先进的科学技术，邓文迪婚后很快就生下了她与默多克的第一个女儿格蕾丝（Grace）。三年后，在 2003 年 6 月，虽说默多克已是高龄，邓文迪又为默多克生下了他们的第二个女儿克洛伊（Chloe）。

默多克很快抱着幼女宣布："我的所有孩子都有接替我的位置的机会，即使是格蕾丝和克洛伊，她们尽管年龄很小，但她们和其他兄姐享有同样的承诺。"

而在邓文迪生下第二个女儿后，默多克很快乐地宣布他将无限期地搁置退休的打算，因为他和第三任妻子邓文迪组建的新家给他带来了无限活力。

后来默多克的长子因为他的这个决定气愤地放弃了新闻集团的所有职位，带着老婆孩子回到故乡澳大利亚。虽然默多克为了唤回这个号称与他老死不相往来的儿子，收回了让格蕾丝和克洛伊继承家族财产的想法，但从这个故事里我们也可以看出来默多克是真心喜欢邓文迪的。

如果他对邓文迪没有感情，他何必要让这个只能陪伴他不长时间的女人对他的财产分一杯羹呢？他也没有必要非让邓文迪生下他们的孩子。那时候的默多克已经有了四个孩子，两个儿子两个女儿，并且都在他的新闻集团里担任要职。他早已是儿女绕膝、后继有人，但是为了邓文迪，他不惜与自己的家人为敌。

默多克也知道自己年事已高，而邓文迪是如此的年轻，他自己倒是有了四个儿女，享受了天伦之乐，可是他的儿女甚至比邓文迪还年长，他要邓文迪如何去当这四个儿女的母亲呢？也许是为了圆邓文迪一个当母亲的梦吧，默多克毫不犹豫地选择了让邓文迪人工授精怀上了他们的

孩子。

在邓文迪生下孩子之前，外界对他们的婚姻是存了很多嘈杂的说法的。因为安娜的悲惨处境，人们总是把邓文迪的形象与"小三""花瓶妻子"这样的称呼画上等号。在他们的心里，邓文迪就是一个贪图财产、破坏别人婚姻的坏女人。

没有一个人相信邓文迪是要真心实意地和默多克过日子，他们总以为邓文迪无非就是要等到默多克死后继承他的财产。甚至连默多克的母亲也从来没有承认过邓文迪的存在，更不要说默多克的两个儿子和两个女儿。

但是在邓文迪的女儿降生之后，人们对她的看法似乎发生了一些改变。邓文迪为默多克生下女儿，至少证明了她从未想过要在这场婚姻中提前离场。她并不是一个将婚姻视作玩物的人。

谁说国王与灰姑娘不能有爱情？

女人的感情是说不清道不明的，或许在那个时间段，邓文迪就是对老男人颇有偏爱。她再一次与一个老男人走进了婚姻的殿堂。

可是那又怎样，爱情是不分国界和年龄的。感情的产生本来就是一个奇妙的过程，一个年轻貌美的姑娘爱上了一个年老的富翁难道就是一种错吗？

邓文迪与默多克不惧这样的眼光，坚定地走到了一起，本来就是一件值得令人敬佩的事情。在现实生活中，有多少人因为畏惧世人的眼光错过了人生中最美好的东西。为什么一定要去在意别人的眼光啊？过自己的生活、做自己难道不是更好吗？

不要在意别人的眼光，总看着别人的生活而后悔自己的选择，要坚持自己认为对的，做自己想做的。人生没有固定的轨道，无论你选择怎样的生活方式，只要内心强大，就可以很精彩。重要的是你走在自己选择的道路上，你想要什么以及你做过什么。

总在意别人的看法，以世人的眼光来行事，就会逐渐失去冒险的野心。

默多克曾回忆自己与邓文迪的恋情，他说："我爱上了她。我向她求婚，但被拒绝了，我花了很长一段时间追求她。"而在 2011 年，邓文迪在接受采访时也说："嫁给默多克，唯一的解释就是爱情，虽然这样的解释太过于苍白无力，因为他不是一个卖菜的老头。剥开财产和地位的外衣，不过是一个女人嫁了一个男人，他们很相爱，仅此而已！"

爱情不会都像言情小说里写的那样一生只有一次。难道有的人分手了离婚了，一辈子都不能再有第二春了吗？没有必要非等着那个白马王子的到来，骑马的王子走得多慢呀，等他来到你身边的时候，你的青春年华也许都已经蹉跎走过。

邓文迪与默多克只不过是在对对方都有感情的时候步入了婚姻的殿堂，他们都只是不想辜负感情的人。

二、掌掴暗袭勇救夫

《世界新闻报》作为默多克手下的一大钱袋子，多年来为默多克进账不少。但在报纸业称霸了多年的《世界新闻报》不小心也在阴沟里翻了船。

《世界新闻报》因窃听众多名人、政治家、军人，甚至伦敦地铁爆炸案遇难者家属的电话而引起公愤，要求对此事件进行独立调查的呼声越来越高，英国首相卡梅伦于 2011 年 7 月 8 日宣布，将成立独立调查委员会，对即将关张的通俗报刊《世界新闻报》的一系列窃听丑闻进行调查。

2011 年 7 月 18 日，事件的揭发者肖恩·霍尔在家中死亡。当地时间 2013 年 10 月 28 日，《世界新闻报》窃听案开庭，涉及政要乃至王室成员。

而这一切，都始于英国王子的膝盖。

5 年前，英国王储威廉膝盖受伤的故事被《世界新闻报》曝光。这件事只有内部少数几个亲信知道，小报从哪儿得来的消息？

近年来，随着新媒体的崛起，传统的报纸杂志的近况已经是越发的艰难，为了挖到劲爆且鲜为人知的信息，八卦记者早就使尽了浑身解数。但窃听王室成员的语音信箱着实是太过激进。两个八卦记者锒铛入狱，当时的报纸主编库尔森辞职。

时光快转到 2009 年。媒体揭曝《世界新闻报》窃听非常普遍，完全不是"一粒老鼠屎坏了一锅粥"。媒体穷追猛打，爆料一系列名流明星、政界要人电话曾遭窃听。案子越搞越大，已经被任命为唐宁街新闻主管的库尔森再度辞职。

《世界新闻报》是英国销量最大的报纸之一，已有 168 年历史，以刊登名人消息为办报特色。在詹姆斯·默多克发表声明之前，伦敦警察局透露，《世界新闻报》窃听行为的受害者可能多达 4000 人。

默多克让《世界新闻报》的主管写下忏悔书："我们要求并赞赏高标准，但现在我们只能痛苦地意识到，在 2006 年的前几年，有些员工没有达到那些标准并为之感到羞愧。非常简单，我们迷失了方向。对于手机被窃听这点，本报真诚地表示歉意。"

但是显然英国的民众和政府并不买账。

其实，关于默多克旗下报纸的电话窃听投诉，就没有断过。

但这次的事件似乎尤为严重，甚至影响了默多克新闻集团对英国天空广播公司的收购项目。

传媒大亨默多克及其子詹姆斯 19 日出席英国议会听证会，就窃听丑闻接受质询。默多克一开始便向议员们表明了自己的态度："这是我人生中最谦卑的一天。"同时，他对窃听丑闻感到"震惊和羞愧"。默多克父子接受质询时间原定为 1 小时，最终延长至将近 3 小时。一些媒体评论，听证会伊始，默多克看起来不自在，回答问题时经常需要向儿子詹姆斯"求助"，但逐渐"找到状态"。

在质询临近尾声时，意外发生了。一名身穿格子花纹衬衫、坐在旁听席最后排的男子突然站起来，快步走到证人席旁，手里拿着一个盛满剃须泡沫的纸盘子向默多克砸去。

现场的其他人都愣住了，詹姆斯受到惊吓，无法阻止袭击者，议员们则张大了嘴"注视"整个事件发生。默多克好像僵在了座位上，警察也没有立即反应过来。

这时只见邓文迪闪电般地从椅子上跳起来，飞身扑向前方，右臂在空中划出一道弧线，右掌狠狠向袭击者脸上捆去。默多克的女律师也紧

跟着抓住了这名男子的手臂。而议会厅的警察随后才赶来制服袭击者。

默多克一直没有离开座位，只是摘下眼镜，试图防止头部遇袭。一位 34 岁的目击者透露，现场立刻陷入一片混乱，如果不是警察将袭击者拿下，他甚至怀疑邓文迪会亲自将袭击者扭出议会，"袭击者看上去被邓文迪凶狠的举动吓呆了"。

稍后，邓文迪回到丈夫身边，她坐在默多克面前，给丈夫擦脸上的泡沫，并且告诉她受惊的年迈的丈夫："我打到他了。"

其实这种类似于审判的质询会议默多克本来是不该带邓文迪来的，但可能是最近发生的许多事实在是令默多克心力交瘁，他实在是需要这位年轻的妻子给他动力。

在袭击发生的时候，邓文迪本来是坐在默多克的后一排，按说就算是袭击发生，也该是更加年轻力壮并且坐在默多克旁边的詹姆斯站出来保护自己的父亲，但当时，詹姆斯似乎被吓傻了，完全不能做出反应，反倒是后排的邓文迪立马就站了起来保护自己的丈夫。

这起突发事件让听证会中断 20 分钟。默多克的西装外套也沾上了泡沫，他在清理后只穿衬衫回到了会场继续接受提问。

主持这次听证的议员惠廷·戴尔向他道歉："默多克先生，我为你

在这里遭受了不可接受的待遇感到不安。"在质询中对默多克父子言辞最为激烈的工党议员沃森则调侃说："默多克先生，您的太太有手漂亮的勾拳。"

在听证会结束邓文迪和默多克乘车离开议会时，两人在车中紧紧手拉手。

很多人说邓文迪与默多克的结合不是因为爱情，但是如果没有爱情，邓文迪又为什么要对那个卑鄙的偷袭者鲍尔斯感到如此的愤怒，甚至立刻起身扇了他一巴掌？

还有什么样的感情能比此刻的邓文迪与默多克更担得起"患难与共"这四个字呢？

就是因为那个人在袭击她的丈夫啊！

伦敦警方已经正式逮捕鲍尔斯，罪名是涉嫌袭击他人。

袭击者名为马布尔斯，是一名 26 岁的喜剧演员，其真名是鲍尔斯。鲍尔斯当天坐在旁听席中通过手机发微博，袭击默多克前的最后一条微博是："我现在要做的事情比我一生中的任何一件都要棒。"

鲍尔斯在靠近默多克时曾低声叫道："你这个没规矩的亿万富翁！"

事发几分钟后，鲍尔斯的女友在网上发布消息说："这既不好笑，也不明智。我再也不是你女友了。"

听证会上的这一闹剧让伦敦警方面临不小的压力，英国议会已经要求彻底调查为什么会让记录不佳的鲍尔斯进入听证会现场。

反对党工党晚些时候承认，袭击默多克的男子为工党成员，考虑到他的"可鄙行为"，已作党内处理。

这一系列的故事让默多克赢得了同情分。

经由电视，默多克表达歉意的话语和遇袭画面呈现在英国民众眼前。谦逊的默多克与不理智的鲍尔斯形成鲜明的对比，这有助于缓解英国民众和议员对窃听事件的愤怒。

听证会后，默多克和新闻集团所面临的局面几乎完全扭转，他的年

龄以及遇袭画面得到大批民众同情。

纽约一名公关人士认为,新闻集团不久前聘用美国著名公关公司改善其企业形象,但是"邓文迪那一巴掌的效果要好太多了"。

在听证会上的意外发生后,推特网上很快出现大量关于邓文迪飞身护夫的留言。有人说邓文迪展现出非凡的勇气,应被授予"年度妻子"称号;有人则表示"邓文迪的动作之快让法庭上反应迟缓的警察相形见绌";28岁的斯蒂文说,邓文迪的动作很震撼,"有媒体说她像老虎,我深有同感"。

甚至有网友开起了玩笑,称天空电视台体育频道应该说服默多克的夫人跟拳王克里钦科争夺冠军头衔。

还有很多网友提到了邓文迪的中国背景,"她就像《卧虎藏龙》里的人物那样,隔着两个人反击了袭击者"。

英国《卫报》称,她在听证会上展现了"霹雳娇娃般的瞬间"。

一家亚洲媒体评论说,这再次说明"每个成功男人的背后都有一名支持他的女人"。

邓文迪也由此被冠以"悍妻"绰号。

在这次的事件中,对外媒来说这个谜一样的女人再次以强悍的姿态闯入了他们的视线。

第三节　明争暗斗是豪门

一、无处不在的敌人

尽管邓文迪让所有人相信了她和默多克之间的爱情，甚至帮默多克挽回了新闻集团最大的危机。但是邓文迪在新闻集团里甚至在默多克家族里依旧危机四伏。

多年前，默多克在新闻集团担任要职的儿子接受采访时，当被问及邓文迪加入默多克家族对新闻集团进军中国市场的作用时，默多克高傲的白人儿子用全部的教养，避重就轻，文质彬彬地说："我们和邓小姐并不熟悉，她让父亲很快乐。"

默多克的母亲也是从第一天就不喜欢邓文迪，她对儿子说："你要小心有目的地接近你的女人。"这句话和所有狗血剧情里恶毒的富豪母亲一样。也说明了邓文迪与默多克的婚姻从一开始就如鲠在喉，戒备森严。

在与邓文迪结婚之前，传媒大亨默多克结过 2 次婚，育有两子两女。他和原配夫人生下女儿普鲁登斯·默多克后不久就分道扬镳。1967 年，他与手下 21 岁的美女记者安娜结婚，两人育有两子一女：长子拉克兰稳重干练，默多克一直拿他当接班人培养；次女伊丽莎白排"英国 100 名最有权势的女人"之首，颇有默多克东征西讨的风采；次子詹姆斯是新闻集团美国数字出版公司的总裁。

默多克的三个成年子女都在他的传媒帝国里担任要职。

外媒指出，默多克通过一个单独设立的家庭信托基金控制着新闻集团 40% 的带有表决权的股份。拉克兰、詹姆斯和伊莉莎白目前在公司的运营中起到积极作用。

再来分别看一下新闻集团的四位王子公主：

第一位：普鲁登斯·默多克（Prudence Murdoch）

普鲁登斯是默多克与第一个妻子帕特里克（Patricia Booker）所生的女儿，也是唯一一个不直接参与默多克生意之争的子女。不过她的丈夫 Alasdair MacLeod 是新闻集团的一名高管，所以普鲁登斯对自己父亲公司未来的命运还是不能够保持完全中立。除此以外，普鲁登斯的三个孩子，James，Angus 和 Clementine 也是默多克家族中最年长的孙子孙女，这令他们在这场王朝战争中也占据着有利的地位。

生于 1958 年的普鲁登斯今年已经 60 岁了。与她后来的几个兄弟姐妹不同，普鲁登斯不怎么在意自己的家庭成员，更是成为了默多克家族里最令人头疼的一名成员。普鲁登斯就读于曼哈顿私立学校——道尔顿高中。生活在一群富家子弟中间，而普鲁登斯也成为了道尔顿历史上少有的没有进入大学的学生。

在 26 岁的时候，普鲁登斯嫁给了一个伦敦的对冲基金经理人 Crispin Odey，不过两人在一年后便离婚了。后来，在 1989 年的时候，普鲁登斯嫁给了现在的丈夫 Alasdair MacLeod。婚后不久，她的丈夫便进入新闻集团工作，即使当时普鲁登斯强烈反对。虽然普鲁登斯看上去是所有儿女中最不令人省心的，但她却可能是默多克觉得相处起来最舒服的一个子女，至少她是最不害怕默多克的一个。

在澳大利亚的公司里，人们认为普鲁登斯对待自己的爸爸就像对待丈夫一样，总是要让这个容易生气的"丈夫"试着冷静下来。事实上，当邓文迪要进入默多克家族的时候，普鲁登斯是唯一一个站在默多克这一边的人。后来，当安娜离婚时试图让普鲁登斯在信托基金中的所占份额减少，默多克也站出来坚持给这个女儿一个公平的份额。

第二位：拉克兰·默多克（Lachlan ~ Murdoch）

拉克兰是默多克的长子，也是默多克的第二位妻子为默多克所生的第二个孩子。

2005 年，拉克兰突然辞去新闻集团副首席运营官的职务，一方面是因为默多克的高官们联合反对他，另一方面是默多克不愿意放权。于是拉克兰携妻子跑到悉尼定居，并成为当地流行文化人物，在澳大利亚的拉克兰犹如英国的威廉王子。他的妻子莎拉是澳大利亚默多克慈善机构的主管，也是2007年流行早间节目的主持人。他们就像勃朗特海滩的国王和王后，澳大利亚就是他们大本营。

1994年8月拉克兰被任命为昆兰报业集团负责人，3年后，他又被提拔为澳大利亚新闻集团负责人。那一年，默多克的孩子们也被召集到纽约，并被告知拉克兰未来将会接管公司。那时，拉克兰是澳大利亚新闻直播厅的常客。

1999年，拉克兰被父亲召回纽约，成为新闻集团美国出版业务负责人。一年半之后，被任命为副首席执行官，即新闻集团三把手，仅次于他父亲和首席执行官彼特·切尔宁。

但是除了《纽约邮报》，拉克兰没有真正的工作，因为他在新闻集团处处受排挤。他的弟弟妹妹从中得到的教训是：离他们的父亲太近或许不是什么好兆头。

第三位：詹姆斯·默多克（James Murdoch）

詹姆斯是默多克的二儿子，也是前妻安娜为默多克所生的第三个孩子。

詹姆斯是天生的商人，精于营销，具有侵略性但非常专注努力，是老默多克的骄傲。

在哈佛读书时，他选择了电影和历史专业，并于1995年辍学，与朋友成立了唱片公司Ruckus。这个时候，他的商业天赋开始显现，公司经营得不错，最终于1996年以250万美元卖给老默多克，随后进入新闻集团的音乐科技部门，一年后成为美国新闻数字出版负责人。

当互联网泡沫破灭时，詹姆斯被派往香港负责星空卫视业务。3年后，该电视台成功地在中国大陆落地，并且在印度市场上取得了重大的突破。最终，5亿多英镑的亏损被弥补，并且年终结算后仍有盈余。就在这个时候，詹姆斯在默多克家族的地位开始真正意义上地上升，被外界认为是更好的继承者。

詹姆斯是一个兢兢业业的商人，早早起床，在健身房锻炼身体，最早到达公司，在别人还在睡觉前回家。他是空手道黑带。不像他的哥哥姐姐们那样，一直是八卦新闻追逐的热点。他曾经告诉他的公关顾问："如果报纸称呼我为'低调的詹姆斯·默多克'，你的工作就做到位了。"此后，詹姆斯经常陪伴在他的父亲左右。他将天空电视台的用户从740万提高到1000万。在2007年夏天的道琼斯收购大战中周旋，帮助父亲以50亿美元的价格收购成功。同年，他还帮助父亲将全球最有影响力的财经报纸《华尔街日报》收入旗下。

2011年是詹姆斯最为波动的一年。由于"窃听门"，他于2012年被迫辞去新闻国际公司执行董事长一职。外界也猜测詹姆斯在家族里面的地位是否动摇。但是从新的新闻集团拆分结果来看，詹姆斯担任21世纪福克斯公司副首席执行官，并任21世纪福克斯公司和新的新闻集团董事成员，地位上应该是不降反升。

第四位：伊丽莎白·默多克（Elisabeth Murdoch）

伊丽莎白是在普鲁登斯出生的10年后出生的，她在纽约长大。大四时，她爱上了一个加纳政治囚犯的儿子，Elkin Kwesi Pianim。而毕业之后，默多克便将伊丽莎白送到了澳大利亚为新闻集团工作。1993年，伊丽莎白和Elkin在洛杉矶举行了婚礼，而Elkin也理所当然进入了福克斯工作。

在那之后，伊丽莎白开始寻求父亲的帮助，想要自己做一些事情。默多克便建议说电视台是一个不错的选择。不久，她便和丈夫一起用3500万美元在加州买下了两个小的NBC旗下电视台。18个月之后，他们成功地卖掉了电视台，并赚得了1200万美元的利润。

伊丽莎白还被斯坦福大学的商学院录取，准备去那里读MBA，但是默多克则劝说她为自己工作。所以伊丽莎白便在1996年加入了BSkyB，一家位于伦敦的新闻集团旗下的卫星电视供应商，而她的上司便是BSkyB的总裁Sam Chisholm。就在这时，她怀上了第二个孩子。可是

巨人之路

谜一样的女人：邓文迪传

不久以后，伊丽莎白就和 Chisholm 在公众面前彻底闹翻了，而默多克则在两方中选择了自己的女儿，于是 Chisholm 辞职了。不过默多克对这件事很生气，也对她的再次怀孕很不满，所以拒绝将最高职务交给伊丽莎白。

在那以后，伊丽莎白开始与一位臭名昭著的公关人士 Matthew Freud 接触，想要为 BSkyB 重新进行包装宣传，当然这也是为了提高她的媒体知名度。而不久之后，伊丽莎白和 Freud 便公开了他们的恋情。2000 年 5 月，怀了 Freud 的孩子的伊丽莎白决定离开 BSkyB，一方面是因为当时她正对自己的弟弟拉克兰在公司中的优势而感到很失望，一方面也是因为想要在父母的婚姻对抗战中站在自己的妈妈一方。

离开公司后，她便打算创立一家独立制片公司。2001 年 8 月，在父母的反对之下，伊丽莎白和 Freud 举行了婚礼。而当后来默多克正在考虑购买《华尔街日报》的时候，伊丽莎白已经是英国最大的独立电视制作公司的老板了。

邓文迪的两个女儿在新闻集团并不持有带表决权的股份，而是一个由无表决权股票构成的信托基金的受益人。

邓文迪在生下女儿之前或许可以只关心她和默多克的感情，但看着默多克与前妻的孩子都在新闻集团占有股份，自己的女儿却一无所有，邓文迪心里都是说不出来的滋味。

但她也明白，默多克与他的几个子女在新闻集团的利益构架里已经是息息相关，不可动摇。只能说，在默多克的生命和财产里，邓文迪和她的女儿都来得太晚。

但是邓文迪不是一个肯服输的人，她既然见识过新闻集团巨大的资金利益，就不会满足自己原有的生活状态了，如果不能在新闻集团为她的女儿分一杯羹，那么她就自己赚钱。

二、羽翼渐丰

新闻集团的前任发言人布彻尔声称："邓文迪有着一种强大而且乐观积极的人格魅力，是为数不多的几个能控制住默多克的人之一。在婚姻初期，在某种程度上处在一种从属地位，不过情况很快就发生了改变。"

身处于默多克这个庞大而又复杂的权力家族的中心，邓文迪也渐渐感觉到了无权无势的悲哀。在默多克家族的每一个人，包括她的丈夫以及丈夫的子女都在忙着经营事业的时候，而邓文迪却只有一个人在家里喝喝茶，在电视屏幕上看着她的丈夫带着他前妻的四个孩子频繁地出现。

邓文迪不会甘心做默多克笼子里的金丝雀。

她拥有聪明的头脑，强悍的手腕以及耶鲁大学 MBA 毕业的傲人学历。她怎么可能看着默多克一家人在商业上无限地活跃，只留她一个人作壁上观？

在和默多克结婚数年后，已经成为了两个孩子的母亲的邓文迪再次踏上了她事业的新征程。

默多克长期以来一直钟情于有着巨大潜力的中国市场，邓文迪凭借流畅的中英双语交流能力和迷人的社交风采已在新闻集团上下给其带来了"默多克形象大使"和"亚洲外交官"的美誉，她渐渐从幕后走到台前，开始进入公众视野。

很多人都渐渐知道了新闻集团的老总默多克有了一位神秘的中国妻子。不过显然默多克并没有让他这位中国妻子继续神秘下去的打算，默多克开始越来越多地带着他的妻子出席各种活动。无论他生活上的还是一些商业上的活动，默多克与邓文迪总是形影不离。

而邓文迪作为默多克背后的女人也没有给他丢脸，她总是衣着大方，侃侃而谈，并且默多克很快发现邓文迪有一种神奇的能力，就是她能跟很多女人结下良好的关系。

每次默多克带邓文迪出席一个商务晚宴时，或许默多克自己都还没

谜一样的女人：邓文迪传

能把生意谈拢，而邓文迪已经俘获了对手的妻子。"枕边风"的威力总是无穷的，邓文迪的这一项能力对默多克的生意无疑具有良好的助益。甚至默多克对手的妻子都跟邓文迪是好朋友，这极大地减少了默多克的生意上的阻碍。

就这样，邓文迪帮助默多克做了多年的夫人外交。

但默多克自己也知道，他的中国妻子绝不只有这一点能耐。

直到 2007 年 4 月，默多克才给了邓文迪一个实际职务——MySpace 中国公司"策略长"。这是邓文迪婚后首次担任新闻集团有关职务，也是她第一次以默多克家族一员的身份正式跨进"默多克帝国"。

Myspace 于 2003 年 8 月上线，6 个月后用户数超越当时的社交网站当红明星 Friendster，2005 年 Myspace 被默多克的新闻集团以 5.8 亿美元重金收购，2007 年达到鼎盛时期。

一开始默多克对 MySpace 这个项目非常有信心。他自认为操纵着他的新闻集团，横跨了五大洲无往不利。而且中国并没有类似于 MySpace 这样的网络社交区，默多克和他的新闻集团都认为 MySpace 在中国的前景十分光明。

但是 MySpace 是介于 SNS 和 Facebook 之间一个过渡性的产物。MySpace 在 SNS 的基础上性能不断增加，但是 2007 年的网络，却不能供应起它的性能，这导致 MySpace 的服务器在客户登录的时候十分缓慢。

而且 MySpace 这个项目本来就是新闻集团收购其他的公司里的一个小组件，很多事情 MySpace 他们自己的负责人要跟新闻集团的总负责人进行来来往往好几轮的商议，一个项目才能决定下来，这样一来进度十分缓慢。而后来居上的 Facebook 完全借鉴了 MySpace 失败的经验，迅速发展好的工程师都被吸引去 Facebook。

2008 年 Myspace 全球用户数就被后起之秀 Facebook 超越。如今，Myspace 则面临一个悲惨的境地：定位转型、大量裁员，默多克正忙着找买家把这个烧钱的、不再受大众欢迎的网站脱手。最终，MySpace 于

2011 年 6 月被在线媒体和广告公司 Specific Media 收购。于是邓文迪第一次的再就业尝试就这样无疾而终。

但这似乎并没有打消邓文迪对工作的积极性。虽然她是耶鲁大学硕士毕业的高才生，但是她也确实已经赋闲在家多年，对于在默多克公司的工作很多方面都并不是那么的得心应手。

当时邓文迪在家闲得无聊的时候经常阅读一些小说来打发时间，而在她读的小说里面就有后来被她改编成电影的《雪花秘扇》。当时邓文迪有很多朋友都在问她有没有那么一部电影可以反映中国社会的现实，而不是那些打打杀杀的武打片。于是邓文迪决定把《雪花秘扇》这部小说搬上银幕。

邓文迪在拍摄《雪花秘扇》的过程中倒是很争气的，没有花她亿万富翁的丈夫默多克一分钱，而是利用自己这么多年在默多克身边积累的人脉资源，自己找了合作伙伴一起去拍的这部电影。

在《雪花秘扇》的拍摄过程中，邓文迪可谓劳心劳力，她自己选导演、拉赞助、联系演员、联系拍摄团队等。甚至为了缓解演员拍摄的压力，带她们去看 Lady gaga 的表演。这应该是史上最负责任的制片人了吧。

可以说，邓文迪在整部电影的拍摄过程中花费的并不是金钱，而是她的人脉。

甚至在电影的宣传期间，她的丈夫默多克还陪伴她一起为她的新电影拉票宣传，不是作为新闻集团的总裁鲁伯特·默多克，而是作为邓文迪的丈夫默多克进行的宣传。

虽然《雪花秘扇》这部制作精良的电影，最后只以 1100 万美元的票房惨淡收场，但是它极大的宣传力度也让其他电影业的人看到了邓文迪强大的人脉以及在制作电影方面的潜力。

而且这次的打击并没有让邓文迪变得颓废，她很快又开始了她的第二部电影的创作。《千里之行》讲述的是中国音乐家郎朗的故事，连默多克手下的公司福克斯电影制片厂也被郑文迪这部电影的构思所吸引，并

谜一样的女人：邓文迪传

且投资拍摄了它。

但可惜的是最后因为种种原因，这部电影并未在荧幕上播出。但所有人都看到了，邓文迪在嫁作人妇之后，她的事业羽翼渐丰。

有句话说："嫁人就要嫁给爱情。"工作也像嫁人，也要嫁给兴趣，邓文迪何其有幸，她同时拥有了两者。

第四节　西方权贵青睐中国女子

一、诱人的神秘东方

默多克娶了邓文迪，Facebook 的创始人扎克伯格娶了普莉希拉·陈。世界上最优秀的男人好像都娶了中国妻子，而且有趣的是，邓文迪和普莉希拉长得其实并不算特别好看，那么她们到底是哪一点吸引了这些事业有成的男人呢？

其实，近年来，随着中西方文化的不断交融，越来越多的中国男人娶了外国妻子，抑或是外国男人娶了中国妻子。这些有趣而不同的婚姻也成了人们津津乐道的事，经常会有和外国人结婚的男人或者女人分享他们婚姻中的经历。

大部分的外国男人表示娶中国的妻子有很多的好处。有人带有调侃意味地说：中国的太太都很有钱，她们去餐厅吃饭从来不会打包。她们可以在美国买一套 80 来万美元的房子直接付全款而不用一分钱贷款。

这样的现象其实并不难理解，因为外国人从来没有存钱的观念，对于他们来说，享受才是最重要的。而住在贷款或者租来的房子里时，中国人会感到没有安全感，他们宁可过得很苦也要把钱攒下来，买一套属于自己的房子。

不过显然富有的默多克和扎克伯格不一定会有这样的想法。但娶中国太太还有其他的好处，那就是夫妻之间很少会吵架。语言不通或许是一个方面，到底不是土生土长的外国人，在平时的交流中，不管是说中文还是说英文，都会或多或少有一些交流障碍。吵着吵着，可能就会因为一些尴尬的语言把对方都逗笑了。

但是最重要的一点是中国人骨子里那股狠劲、他们的勤劳与善良。

中国人生活里永远都有很多目标，买了房子还要再买一个，买完这个要装修那个，孩子读完大学还要读硕士、读博士，下一个目标是要孩子进一个大公司，存款有了一百万元，还要给孩子一人存一百万元，还有下一个目标……

反正中国人这辈子都在铆足了劲，生命不息，目标不止。

有个词叫做潜移默化，都说近朱者赤，近墨者黑。像默多克和扎克伯格这样事业有成的男性，他们要娶的太太一定不会只是一个花瓶，如邓文迪和普莉希拉·陈这样的女人也许刚好可以为他们蒸蒸日上的事业增添一份光彩，为这些站在事业巅峰的男人再添一把冲劲。

尤其是在 2011 年邓文迪掌掴抗议者，以一种近乎"凶狠"的状态救了自己的丈夫以后，外国人对东方女性尤其是中国的女人有了极高的评价。

西方人的骨子里是爱邓文迪这种凶狠的，这一点从西方帝国以前殖民主义的建设就可以看出来，他们的本性是贪婪的、掠夺的，争强好胜。

但是，或许就是为了压抑他们这样的天性，在西方人的教育里，甚至是来自他们教会的教义，都要求他们做一个温和的人，也就是gentlemen。所以西方人的性格就变得很奇怪，他们在骨子里赞赏那种优胜劣汰，适者生存，在竞争里想方设法不择手段地谋求上进。但是，当走上台面、面对大众的时候，他们却又变成了一个温和的绅士，与别人探讨礼仪教养。可以说这是一种很扭曲的性格。

而东方人的性格却与西方人的性格恰恰相反。中国人骨子里就是温和的。五千年的华夏文明教育我们"天行健，君子以自强不息"，但是万事"以和为贵"。

中国向来是礼仪之邦，就好像当年明朝的时候郑和下西洋，其实比哥伦布发现新大陆还要早，但是郑和只是把船上所载的名贵的丝绸瓷器和茶叶拿去与当地的土著交换一些廉价的特产、水果而已，然后就带着沿途收获的友谊回到了明朝。

而哥伦布发现新大陆之后，美洲的现状不言而喻。

不过虽然中国人天性温和，但是中国人比外国人更重视家庭的观念，对家人也会更加的重视。西方人的家庭观念十分淡薄，孩子长大以后就会离家，对父母从来也都是叫名字，兄弟姐妹都是叫名字，在西方人的观念里，跟亲戚有关的无非就是那么几个名词，mother、father、sister、brother、uncle、aunt、cousin、grandpa and grandma。这就是对外国人来说，他们眼中所有的亲戚。而中国呢？七大姑八大姨就不用说了，能数出来的亲戚名字可以写满满一张 A4 纸。

外国人或许不会想要一个东方的老妈，因为中国人向来是摧残孩子的高手，中国的孩子从来不是输在了起跑线上，而是被搞死在了起跑线上。但是外国人一定会喜欢一个东方的妻子。

本来男女之间的相处之道就是要一强一弱。当西方男性骨子里强硬的时候，中国女性就会软下来，而当西方男性在工作事业上受挫时，东方女性又会坚强地站出来。

可能是因为中国人骨子里就有那种护短的天性，所以当邓文迪为了她的丈夫站出来，凶狠地挥出那一巴掌时，外国人，尤其是外国男人彻底被中国女人所征服了。

外国人大多是有一种猎奇心理的，无论在任何事情上，哪怕是婚姻，他们也会被新奇的事物所吸引。

东方女人与西方女人完全不一样的容貌、黑长的直发、漆黑的眼眸对于西方男人来说就像是罂粟一样，有一种致命的吸引力。

曾经的中国人，哪怕是中国男人，对于西方人来说都是一个很软弱的形象，觉得他们风一吹就会倒。哪怕是有像李小龙这样风靡美国的武打明星。但对美国人来说，那只是个例，他们一方面崇拜着李小龙，一方面仍旧鄙视着中国人的软弱。

但是邓文迪让他们看到了一个完全不一样的东方人的形象，西方人感到无比的震惊，但同时也升起强烈的好奇心，他们想要去探寻，只是短短几年不曾关注过的东方人，怎么会有如此大的变化？越探索，他们越发现自己对于东方人的好奇心已经完全停不下来了。

可以说邓文迪那一巴掌不仅拯救了新闻集团难以度过的危机，甚至作为东西方交流的媒介"扇"出了一段又一段的跨国婚姻。

而默多克当时应该是自豪的，他的太太是如此的优秀，却又如此的爱她。他明白他的太太就算是在中国女性里面也是非常突出而优秀的，她总是那么的勇敢，勇往直前，坚持不懈、坚定不移地做自己想做的事情。

中国很神秘，东方很诱人，但这一切都比不过他身边的这个女人。

二、默多克需要的女人

可以说邓文迪对默多克施加了很多正面影响。熟悉默多克和邓文迪生活的巴乔说："她是一个积极向上的人，也是极少数能够约束默多克的人。"据他观察，如果默多克做错了什么，邓文迪会向他使眼色，甚至是直接指出来，哪怕是在公共场合。同时，她在家中也是一个绝对的控制者与垄断者，即使像默多克这样的大人物，也在她的"掌控"之下，俨然一个道地的"妻管严"。

邓文迪的性格太过强硬，她对一切似乎都有一种恐怖的控制欲。而且邓文迪的好胜心太强，她带着她的好胜心不断地在事业场上冲锋。或许是受了默多克家族的刺激，邓文迪在与默多克保持婚姻关系时，也非常想开展自己的事业。

但邓文迪或许会是一个强大的后援助理，却绝不会是一个优秀的领

巨人之路

谜一样的女人：邓文迪

导者。

这一点从邓文迪无论拍电影还是担任 MySpace 亚洲的执行副总都可以看出来。

如果说默多克结婚一开始只是让邓文迪适应了她的富豪生活，不再用一块肥皂洗脸和洗手而已。那么在邓文迪借助默多克的身份地位开始了她自己的事业以后，便再也不能满足了。

邓文迪是最靠新闻集团最近的女人，但是新闻集团的财产和她没有一分钱关系，她只不过是新闻集团老总夫人，仅此而已，没有任何实际利益。

人心都是不会满足的。若不是邓文迪一直保持着她那一颗贪婪的心，又怎么会走到今天这样的地位呢？

但是默多克需要的是什么样的女人呢？默多克当初之所以与他的第二任妻子安娜闹到分手的地步，一个原因是邓文迪，但最重要的令他们不和的，就是因为安娜过多地插手了新闻集团的事务。安娜让默多克觉得这个女人是不可以掌控的，并且会威胁到他的财产，所以默多克放弃了安娜。

尽管财富是一个魔鬼，但是她来的时候身姿却是那么的妖娆迷人。

作为妻子，当邓文迪在生活上对默多克颐指气使的时候，默多克还可以一笑置之。默多克可以忍受他的妻子不让他吃牛排而为他端上一碗白米饭，但是默多克绝对不能容许他的妻子插手他的事业。

而邓文迪却没有看到这一点。

2011 年的窃听事件，邓文迪几乎成为了整个新闻集团的英雄，她挽救了那次巨大的危机。邓文迪终于在这件事情上看到了自己的价值，新闻集团也有越来越多的人愿意听从这位中国女人、自己老板的第三任年轻夫人的领导。

但是 2011 年的时候，邓文迪并没有立刻插手默多克新闻集团的事务，她选择了去拍电影。默多克对此当然非常乐见其成。毫无疑问，那

时默多克是非常喜欢邓文迪的，他甚至不顾自己的身份与手下的反对去为邓文迪的电影奔走宣传。

但邓文迪在电影事业上的滑铁卢却是一个危险的警报，这说明这个尝到了事业甜头的女人即将调转她的工作方向。

而当时与默多克已经结婚十年之久的邓文迪，几乎把默多克所有的商业伙伴甚至是生活上的好友都结识了个遍。由于邓文迪强大的交际手腕，很多时候默多克商业上的决策甚至都需要寻求邓文迪的帮助。

可能一开始还会有人夸奖邓文迪是默多克的贤内助，但时间一长，默多克就会意识到他的事业正在被邓文迪牵制住，默多克感觉到了强烈的危机。

有人说豪门贵族里的尔虞我诈、明争暗斗猜不透，但是事实上没有什么猜不透的，不过就是一群拥有巨额财富的人强烈地膨胀了自己的自信心和控制欲，而他们并不希望其他人来打破他们现有的状态。当有人威胁到他们对自己财富的控制时，他们也许就会采取些手段。

而默多克对邓文迪采取的手段就是，一步一步地把邓文迪架空。邓文迪依旧像一朵交际蝴蝶花一样，穿梭在各种各样的 party 和宴会上，为默多克获得各种各样的情报，结交各种各样的人。但是邓文迪却再没有机会站在默多克的传媒帝国里呼风唤雨。

邓文迪变得渐渐跟其他的豪门阔太一模一样，喝茶赏花、相夫教子。

默多克与邓文迪曾经的死生契阔与子成说，发展到如今这样相互防备的地步，实在是令人欷歔叹惋。

有一句话叫做"自古帝王皆薄情"。其实并不是帝王薄情，只不过作为一个帝国的领导者和决策者，他们掌握着巨大的利益链条，他们必须让这个链条保持平衡，自己才能成为最大的受益者。

而当哪里冒出一个会破坏这个利益链条的小苗头时，这些铁血帝王自然会毫不留情地把它掐掉。

默多克作为一手打下新闻集团江山的帝王，他利用自己建立的默多克家族信托资金与前妻的几个子女轻松地掌握了新闻集团这个传媒帝国的命脉。在他手中，这个帝国现在正处于顶峰时期。无论他有多么的爱邓文迪，他不可能因为邓文迪就去打乱它的平衡。

如果说邓文迪有和默多克一般强大的商业才能，那也说得过去。但是就之前的种种事迹来看，邓文迪的商业能力平平，而且默多克与前妻的几个子女大部分都不喜欢她。默多克没有必要为了一个邓文迪冒险去撼动自己已经得到的巨大利益。

当默多克心里对邓文迪种下一颗防备的种子时，他与邓文迪的关系注定渐行渐远。

而邓文迪并不傻，丈夫对自己的态度她看得很清楚。回想起昨日种种，邓文迪不知道心里是什么样的滋味。

邓文迪知道自己的性格过于激进，也知道男人大多都不喜欢这种激进。但是那才是真正的自己，她不想为了迎合谁而去改变自己的性格。任何人的不理解都没有什么，但她的丈夫，这个邓文迪为其生下两个女儿并打算交托一生的人，却对她有了这样的防备，邓文迪很痛苦。

生下两个女儿后，邓文迪不再安心做一个阔太太。她先是利用自己在国内的关系网，帮助默多克拓展中国市场，之后又通过丈夫的人脉征战好莱坞，结识了大批名流。渐渐地，她不再是默多克口中的"好帮手、好顾问"，而是《新闻周刊》笔下的"奇迹文迪"。

他们之间的感情已经是摇曳在暴风雨中的一朵娇嫩的小花，摇摇欲坠。

但是她和默多克都是既聪明又干脆利落的人，他们不会把自己的时间浪费在与对方吵架上面。如果他们还想要继续这段婚姻，他们就只能自己想办法克服现在的问题。

哪怕到了那时，邓文迪和默多克也没有想过要离婚。

对邓文迪来说，她已经为默多克生下了两个女儿，在这个世界上条件比默多克更好的男人实在难找。而对于默多克来说，邓文迪是一个非常好的妻子，她把默多克的生活照料得井井有条，默多克曾经不止一次地说过，邓文迪和他们的两个女儿至少让默多克年轻了 30 岁。

对于默多克来说，只要邓文迪不插足他的家族产业，那么邓文迪就会是默多克最需要的女人。

但是最终，2013 年 6 月 13 日，默多克正式向纽约高等法院提交了与现年 44 岁的妻子邓文迪离婚的申请。

爱情，犹如佛家的禅，缘起缘灭，分分合合。正应了那一句："不可说"。

谜一样的女人：邓文迪传

第五章 奇人奇才，人格之谜

第一节　如男子一般的进攻性

一、倔、蛮、狠，邓文迪抢夺的本能

在各种媒体中，邓文迪三个字总是与一个传奇的中国女人这样的称呼画上等号，而事实上这位奇人究竟又有多奇呢？

邓文迪曾经只是中国一个贫穷地区的普通小姑娘，但她也被称作"中国最富有的女人"。作为新闻集团总裁鲁伯特·默多克的第三任妻子，邓文迪稳、准、狠的作风被誉为"邓文迪式人格"。

之所以人们会觉得邓文迪的人格与众不同，就是因为她人格里有一种如男子一般的进攻性，"倔""蛮""狠"，似乎与邓文迪性格中抢夺的本能息息相关。

首先来看第一点"倔"。

© 视觉中国

邓文迪的倔强非同寻常。当年所有人都否定了邓文迪的出国梦，但邓文迪依然想要出国留学。她固执己见，不听任何人的意见，最终想尽办法甚至不择手段也要出国。

"倔"其实是一个贬义词，但随着现代社会的发展，人们却越来越多地对这个字冠以了肯定的意味。从客观上来看，倔强的人非常专注，他们的性格一旦形成，就很

难再改变，就好像优质的木料，很难用斧头把它凿开，用水也不能把它泡烂，能够忍耐风吹日晒，虫子也不爱吃。它好像没有什么可供雕琢的价值，但也正是如此，人们却把它用来选做家具和工艺品的首选材料。

同样的还有玉石，玉石与普通的石头相比，优势就在于它的硬度，这样的人就像是同类人中的玉石，非常坚硬。没有大师的利器，很难将其雕琢。但一旦褪去泥垢，必定将光芒万丈。

倔强其实没有什么好与不好。每一种性格只有到了一种过分的程度才会有问题，比如太过倔强，太过固执，太过冲动等。

倔强的人可以克服重重困难，达到自己的目标。邓文迪的"倔"只是为一件事情努力奋斗，并坚持不懈，这难道有什么不好吗？

1968年出生的邓文迪，在1985年就考上了广州医学院，经历过当年高考的人应该知道，在那个年代，没有足够的努力要考上大学是多么的难，这足以说明她的实力与坚忍不拔的"倔"。以及后来在美求学、在耶鲁大学的学习经历，甚至是后来的工作经历，都充分说明她的"倔"。

而"蛮"的本意是指强悍、不讲情理。

湖南人有这样一种性格，叫做"霸得蛮"。

有这样一个传闻：几人在一起议论，哪里人在全国最混得开，最后取东南西北中各一代表，曰"北京人的官把子，上海人的算盘子，广东人的钱袋子，四川人的腿子，湖南人，霸得蛮"。

北京位于皇城根下，是全国政治文化中心，自然也掌握着资源分配大权，在全国人面前当然有面子。上海人生活得很精致，也很精明，会花钱会生活，引领时尚很多年，其江湖地位不是那么容易撼动的。广东是改革开放的前沿，据说很多人穷得只剩下钱了，有钱，那当然没问题了。四川道路艰险，"蜀道难，难于上青天"，但是四川人勤劳，依靠双腿，走出大山，走出险峻。湖南人呢？什么"子"也不是。而是三个字：霸得蛮。

"霸得蛮"系湖南方言，取"明知不可为而为之"之意。

楚地自古多豪杰，屈原的《国殇》"操吴戈兮被犀甲，车错毂兮短兵接。旌蔽日兮敌若云，矢交坠兮士争先"，后来还有"我自横刀向天笑，去留肝胆两昆仑"的谭嗣同。

邓文迪虽然不是湖南人，但是骨子里却有湖南人那股"霸得蛮"的劲儿。

在和平年代，豪气肯定不是表现在战场上，而是将这种"霸得蛮"的精神表现在了对生活极其热烈的拥抱中。

努力拼搏的人都是热爱生活的人，他们是为了心目中最美好的生活，在努力地奋斗。邓文迪在美国读书的时候，每一天都过得很苦，经济不宽裕，学业压力大等。但是邓文迪从来没有想过要放弃。她依然怀着那股"蛮"劲不断地在美国这个她并不熟悉的战场上挣扎着，奋斗着，但同时也欢歌着。

邓文迪的美国生活并不枯燥乏味。她会和男朋友一起出去看电影，会和女同学一起讨论化妆技巧，时装搭配。周末的电影院她也是常客。

"蛮"并不是说一味地蛮干，霸蛮之外，还需要多一点灵性。

而邓文迪的"狠"其实很多人已经司空见惯。

尚在邓文迪读大学的时候为了和杰克在一起，她就可以不惜伤害自己的恩人乔伊斯。而当她和杰克·切瑞没有感情之后，为了这段感情的附加品，邓文迪读大学的学费以及美国的绿卡，邓文迪依然能够忍受和这个大自己30岁的老男人，保持婚姻关系长达两年零七个月。

而邓文迪不仅对别人狠，对自己更狠。小时候为了得到父母和老师的赞赏，她可以每晚挑灯夜战，放弃玩耍的时间，取得优异的成绩。在美国的时候更是如此。她可以每天打三份工，工作到凌晨只为挣够自己的生活费。

邓文迪的眼神中，即便是笑的时候，也少有女性的温柔，更多的是精明的色彩，有时候的眼神甚至是凌厉的。

这样的眼神，表示她是一个很有想法的人，也是一个永远不会安于

现状的人。

这样的邓文迪有主见，做事前都有自己的计划，并会朝着自己的目标勇往直前。

邓文迪这样的女人，代表了一种美国式的 ambition，这里面有步步为营，更多的却是一切晒在阳光下的事无不可对人言：我想对你示好乃至示爱，我要让你清晰地感觉到；我想邀请你拍我的电影，我要让你直接地回答我"能"与"不能"；我想得到全世界，我要让所有人看到并热议。

在邓文迪的骨子里似乎就有一种抢夺的本能。她想要的，她就会拼了命地据为己有。

从心理学讲来说，这是一种占有欲。

占有欲是一个中性词，可能很多人会认为它是贬义的，但事实上并非如此，占有欲并不是一件坏事，虽然也不见得有多好，只不过是过了就会产生许许多多的问题。

占有欲最平常的表现就是对自己喜爱的东西会很珍惜，想要独占自己喜欢的人和事物。

不过这样的抢夺本能和占有欲也许只是一种缺乏安全感的表现。从邓文迪的经历来看，她会缺乏安全感，这件事情并不足为奇。对于小孩子来说，父亲就是最坚实的肩膀和依靠，但是显然邓文迪的父亲并没有给她这样的安全感。一个女孩子，如果小时候是没有安全感的，那么等她长大了以后她永远也不会感到安全，心里面总会觉得空落落的，想要抓住些什么。

邓文迪这样的性格在感情方面是处于绝对的强势地位的，甚至是非常不讨喜。但她为什么是个传奇呢？就是因为哪怕她的性格如此有缺陷，她依旧会让男人对她念念不忘，一个接一个地拜倒在她的石榴裙下，重点是她还不是一个漂亮的女人。

不管怎么说，哪怕她有三段失败的婚姻，不断地被人们说是小三上位等，但是最后还是走到了"中国最富有的女人"、"一个传奇的女人"

第五章 奇人奇才，人格之谜

这样的位置。

这就是邓文迪式的人格。

二、进攻是最好的防守

邓文迪是一个永远在战斗的女人。如果把邓文迪比作一个女战士，而她经历的人生种种都是一场战役，那么这个女人无一不赢得漂亮。

在每场战役中，进攻是她最好的防守。

让我们把时光拉回到邓文迪在默多克的商业帝国里挣扎的时候。一开始，无论别人对邓文迪的诋毁，还是在默多克被攻击的时候，邓文迪的反击都是被动进行的。与其说那是一种攻击，倒不如说是一种防守。

防守的意思是什么呢？就是别人拿着尖锐的利器来攻击你的时候，你却不能还手，只能默默承受。

在这世界上选择防守的人有两种。要么是拥有一颗强大的心灵，根本不在乎别人说了什么、做了什么，别人的攻击也根本伤害不到他，所以他可以只是防守，并不需要反击。而另一种人则是太过软弱，他对别人猛烈的攻击根本没有还手之力，只能选择防守。

而那时候的邓文迪或许两种都是。因为已经作为默多克夫人的邓文迪拥有了极高的地位，面对其他那些用谣言攻击她的人，邓文迪根本就不在意。就算她在意又能怎么样呢？难道要站出去跟每一个责骂她、指责她的人展开一场骂战吗？

邓文迪能够迅速地融入默多克的生活圈子，这说明邓文迪确实是有一颗站在高位的人的心，身处高位的人心胸开阔，他们不会过多地与其他人计较，也不可能与那么多的人一一计较。

邓文迪那时候的防守，一半泰然一半无奈。

而邓文迪是什么时候开始选择了进行反击的呢？

邓文迪为默多克生下了两个女儿，大女儿格蕾斯和小女儿克洛伊。

在默多克的家族里，他所有的子女都有权利继承他的遗产，甚至是默多克与第一任夫人生下来的大女儿，在遭到默多克第二任妻子安娜的刁难时，默多克也会毅然决然地站在他女儿那边，表示他的财产大女儿也有绝对的继承权。

在邓文迪为默多克生下女儿之后，默多克曾高兴地表示，他所有的子女都有权继承他的财产，邓文迪生下的女儿也是一样。

但就在默多克宣布这个决定以后，他的长子为此愤然地放弃了在新闻集团所有的职位，离开美国，回到了他澳大利亚的故乡。默多克为了挽回儿子，选择了收回他之前做出的决定。

这对邓文迪来说无疑是一个巨大的打击。

邓文迪相信默多克对她的感情，所以选择了嫁给他，做这个 60 多岁老男人的妻子。她为了默多克，甚至不惜背上骂名也要嫁给他。但是默多克甚至不愿意给他和邓文迪的女儿留下一笔财产。

当时的默多克已经 70 多岁了，虽然默多克常常说他的母亲很长寿，所以他一定也可以活到一百多岁，但是邓文迪还那么年轻，她的女儿还那么的小。邓文迪无法想象，在默多克死后，邓文迪又无法继承默多克的遗产，女儿也没有保证生活的资金。那么她们以后的日子该怎么过呢？

邓文迪是一个喜欢冒险的女人，但是那仅限于她事业上的冒险，而且她的冒险也是因为她有强大的基础，她才会选择去冒险，比如在她嫁给默多克以前还有耶鲁大学 MBA 的高学位，她嫁给默多克以后还有默多克这个强大的后援基础。所以邓文迪有资本去冒险。

但是如果默多克不让她继承家族财产，她的女儿也不能继承家族财产，等到默多克百年西去后，她跟她的女儿将一无所有。

中国人向来喜欢过有保障的生活，没有人愿意去凭空冒险。

尤其是在邓文迪成为了母亲以后。

母性就是这样一种奇怪的生物，一个年轻女人可以为了爱情不顾一切，但是当这个女人成为了一位母亲之后，她就会变得十分的稳重，对万事都十分的计较。她会想方设法给自己女儿最好的生活。

作为母亲的邓文迪没有办法，只守着她和默多克的爱情过日子。看着自己两个逐渐长大的女儿，邓文迪知道她没有办法，只有反击。

邓文迪无疑是爱自己的女儿的。在她拍摄《雪花秘扇》的过程中非常忙碌，但是她依旧每天都会坚持给她的女儿打一个电话。据旁观者说，每当邓文迪给她女儿打电话时，忙碌了一天的她总是会刻意语气高昂，掩饰住一天的疲惫，脸上散发着母性的光辉，邓文迪说，她知道那个时候她的女儿们在想她。

为了让自己的女儿将来能成为人中龙凤，不会在失去默多克这个强大的靠山以后就没有办法生存。邓文迪对自己的女儿非常严格，会要求她们在学业中一定要拿到 A。

邓文迪还教导她们勤俭节约。按说那个时候默多克是亿万富翁，非常有钱，但是邓文迪从来不会给他们女儿太多的零花钱。他们的女儿几岁时，邓文迪就会给每个月她们几美元的零花钱。邓文迪希望通过这件事情教导他们的女儿，从小就要学会节约，如果她们有想要买的东西，那么她们就必须学会自己存钱。

邓文迪甚至因为她的两个女儿被传出虐女风波，事情是这样的。

小时候的格蕾丝，脸上的婴儿肥非常可爱，无论邓文迪还是默多克都非常喜欢格蕾丝的这一个特点，但是随着格蕾斯慢慢地长大，她脸上的婴儿肥却怎么也没有消下去，而且身材非常的圆润。至今也是一个小胖妞，体重还没有减下去。

作为母亲，邓文迪当然希望自己的孩子漂漂亮亮的。所以邓文迪让

谜一样的女人：邓文迪传

她的大女儿格蕾斯节食减肥、运动减肥，使尽了各种办法，就想把格蕾斯的体重减下去。

据说邓文迪给自己大女儿定下的目标是要成为像李冰冰那样苗条而又漂亮的女人。

不过显然邓文迪给自己大女儿定下的减肥之路任重且道远，并且让邓文迪在"虎妻"之外，一度还拥有了"虎妈"这一个强悍的称号。

不过，邓文迪对自己女儿的爱绝对是日月可鉴，天地可表。为女儿与丈夫默多克拉开这一场反击战也确实无可厚非。

邓文迪在默多克身边，面对来自各行各业、各种各样的人的攻击已经防守了多年。但是为了她的女儿，邓文迪作为一个母亲踏上了她的进攻之路。

不过默多克家族的财产保卫战确实打得漂亮，邓文迪与默多克结婚十多年，竟然完全不能插足新闻集团的事务。整个新闻集团在默多克家族的统治下就像个铁桶，密密层层牢不透风。

所以邓文迪并没有选择与默多克硬碰硬。她只是想为自己的女儿挣下一份家业，让她的女儿过上衣食无忧的生活。

邓文迪选择了向外扩张发展自己的事业，但是很遗憾的是，邓文迪

的事业并不成功。尤其是在默多克这个强大的商业大鳄的衬托下，邓文迪的捞金能力相形见绌。两个人之间的差距简直就像是一个国家总统与一个小孩一样。

而且在邓文迪与默多克离婚的时候，邓文迪也并没有从默多克的财产蛋糕里分到多大一块，不过就是两套房子和一千多万美元的现金。这与默多克上百亿美元的资产比起来简直不过是凤毛麟角，甚至连他前任妻子安娜的一百分之一都不到。

但是一千多万美元对一个普通人来说已经是一笔巨额的财富。

虽然今时今日的邓文迪已经摆脱了她的夫姓默多克，仍然活跃在公众的眼前。她会自己去做一些小项目，也仍然在她喜爱的电影事业上坚持着。

今天的邓文迪仍然在将进攻当作最好的防守，不断地为给她女儿最好的生活而努力。

第二节　精准瞄准的目的性

一、选择对的目标就是成功一半

"请你告诉我，我该走哪条路？"
"那要看你想去哪里。"猫说。
"去哪儿无所谓。"爱丽丝说。
"那么走哪条路也就无所谓了。"猫说。
这是刘易斯·卡罗尔的《爱丽丝漫游奇境记》里很经典的一段对白。
邓文迪在培养自己女儿时也会教导她们看书，并且常常以身作则。《爱丽丝漫游奇境记》一书作为儿童文学的经典读物，邓文迪已看过好几遍。
这个故事讲的是人要有明确的目标，当一个人没有明确的目标的时

候，自己不知道该怎么做，别人也无法帮到你！天助先要自助，当自己没有清晰的目标和方向的时候，别人说得再好也是别人的观点，不能转化为自己的有效行动。

邓文迪对于这一点深以为然。

哈佛大学有一个十分著名的关于目标对人生影响的跟踪调查。

对象是一群智力、学历、环境等条件都差不多的年轻人，调查结果发现：27% 的人没有目标，60% 的人目标模糊，10% 的人有清晰但比较短期的目标，3% 的人有清晰且长期的目标。

25 年的跟踪研究结果发现，他们的生活状况及分布现象十分有意思。

那些占 3% 者，25 年来几乎都不曾更改过自我的人生目标。25 年来他们都朝着同一个方向不懈地发奋，25 年后，他们几乎都成了社会各界的顶尖成功人士，他们中不乏白手创业者、行业精英、社会精英。

那些占 10% 的有清晰短期目标者，大都生活在社会的中上层。他们的共同特点是，那些短期目标不断被达成，生活状态稳步上升，成为各行各业不可或缺的专业人士，如医生、律师、工程师、高级主管等。

其中占 60% 的模糊目标者，几乎都生活在社会的中下层面，他们能安稳地生活与工作，但都没有什么个性和成绩。

剩下的 27% 是那些 25 年来都没有目标的人群，他们几乎都生活在社会的底层。他们生活过得很不如意，常常失业，靠社会救济，并且常常都在抱怨他人，抱怨社会，抱怨世界。

调查者因此得出结论：目标对人生有巨大的导向性作用。成功，在一开始仅仅是自我的一个选取。你选取什么样的目标，就会有什么样的成就，有什么样的人生。

邓文迪从小就是一个有远大志向的孩子。她 7 岁就立志一定要考上大学，高中的时候决心出国留学，出国后更是将目标锁定常春藤名校耶鲁大学，在耶鲁就读时又顺利找到了自己今后的发展方向。

邓文迪的人生从来不迷茫。在她读书期间听过这样一个故事：

1952 年 7 月 4 日清晨，加利福尼亚海岸起了浓雾。在海岸以西 21 英里的卡塔林纳岛上，一个 43 岁的女人准备从太平洋游向加州海岸。她叫费罗伦丝·查德威克。

那天早晨雾很大，海水冻得她身体发麻，她几乎看不到护送她的船。时间一小时一小时地过去，千千万万人在电视上看着。有几次，鲨鱼靠近她了，被人开枪吓跑了。

15 小时之后，她又累，又冻得发麻。她知道自己不能再游了，就叫人拉她上船。她的母亲和教练在另一条船上。他们都告诉她海岸很近了，叫她不要放弃。但她朝加州海岸望去，除了浓雾什么也没看不到……

人们拉她上船的地点，离加州海岸只有半英里！后来她说，令她半途而废的不是疲劳，也不是寒冷，而是因为她在浓雾中看不到目标。查德威克小姐一生中就只有这一次没有坚持到底。

这个故事对邓文迪来说感触很深。它讲的是目标要看得见、够得着，才能成为一个有效的目标，才会形成动力，帮助人们获得自己想要的结果。

邓文迪在香港担任 MySpace 中国区执行副总裁时，默多克的次子詹姆斯·默多克正是邓文迪的顶头上司。

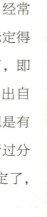

邓文迪发现作为管理者的詹姆斯在和下属制定目标的时候，经常会犯一个错误，就是认为目标定得越高越好，认为目标定得高了，即便员工只完成了 80% 也能超出自己的预期。实际上，这种思想是有问题的，持这种思想的詹姆斯过分依赖目标，认为只要目标制定了，员工就会去达成。

邓文迪认为，制定目标是一

回事，完成目标又是另外一回事，制定目标是明确做什么，完成目标是明确如何做。与其用一个高目标给员工压力，不如制定一个合适的目标，并帮助员工制订行动计划，共同探讨障碍，并排除，帮助员工形成动力。

邓文迪向来是一个直来直去的人，所以她立刻去向詹姆斯提出了自己的观点。但是，詹姆斯·默多克并不是邓文迪自己的孩子。而且，因为安娜与默多克的离婚案，詹姆斯对自己父亲这位年轻的妻子并没有什么好感。他对邓文迪的意见视若无睹，继续推行他的高压政策。

邓文迪说服不了詹姆斯，但她也是一个十分硬气的女人，在她自己管理的电视传媒那块，邓文迪坚持实行自己的想法。邓文迪并不是给员工定下很低的目标，相反，邓文迪给自己手下员工定的目标不比詹姆斯定的目标低，可是邓文迪将她的高目标分解成了好几部分，每一个目标看起来都是合适的并且可以实现的。

合适的目标是员工跳一跳就能够得着的目标，当员工经过努力之后可以达成的目标，目标才会对员工有吸引力，否则，员工宁可不做，也不愿意费了很大力气而没有完成！

当目标被清晰地分解了，目标的激励作用就显现了，当员工实现一个目标的时候，他们就及时地得到了一个正面激励，这对于培养员工挑战目标的信心的作用是巨大的！

目标不是唯一的激励手段，目标只有与激励机制相匹配，才会形成更有效的动力机制。所以，除了关注目标之外，邓文迪还要关注配套的激励措施。当员工的工作取得好的成绩时，邓文迪从来不会吝惜赞赏，甚至常常会给予一些物质性的表扬，这极大地激励了员工的积极性。

目标不是孤立存在的，目标是和计划相辅相成的，目标指导计划，计划的有效性影响着目标的达成。所以在执行目标的时候，要考虑清楚自己的行动计划，怎么做才能更有效地完成目标，是每个人都要想清楚的问题，否则，目标定得越高，达成的效果越差！

毫无疑问，詹姆斯来到香港之后，很快就在中国市场尝到了他第一

第五章　奇人奇才，人格之谜

次的失败。MySpace 在他高压的目标下却并没有取得什么显著的成果，反而在詹姆斯第一阶段向中国市场进军的过程中，亏损比盈利更加严重。

而在詹姆斯进军中国的大军中，唯有邓文迪领导的影视传媒这一块的业绩是往上走的。这也是詹姆斯第一次发现，他父亲这位年轻的妻子优秀的商业能力。这让詹姆斯对邓文迪的印象改观不少。他以前一直以为邓文迪就是贪图他父亲的财产才嫁入默多克家族的，也正是在那一次，詹姆斯意识到邓文迪并不是如外界传言的那样，只是一个"花瓶妻子"。

MySpace 后来的发展状况暂且不提，但从这件事情上我们可以看到邓文迪的性格特征：一个睿智而稳健的攻击者。

心高气傲，志向远大的邓文迪，在任何事情上都不会只贪图那一点蝇头小利，只要她开始做一件事情，她就会定下一个远大的目标。但是邓文迪不是一个喜欢冒险的人，她喜欢把她的目标分解开来，逐步攻破。

比起不顾一切地冲到顶峰，她会更注重对基层建筑的修筑。邓文迪是一个爬上去就不会想要摔下来的人。而她精准的目标性无疑对她来说是一个非常强大的助力。

二、知道自己想要什么

人生，总有太多期待一直失望，总有太多梦想一直落空，总有太多言语无人可诉。其实，有些事，轻轻放下，未必不是轻松；有些人，深深记住，未必不是幸福；有些痛，淡淡看开，未必不是历练。人生在世，我们得知道自己想要的到底是什么。

邓文迪曾经不止一次地坦言，她小时候最大的梦想就是要过人上人的生活。

小时候的邓文迪家庭贫苦，一家六口挤在一个几十平方米的小房子里，吃不上肉，买不起漂亮衣服。她见多了父母辛苦工作了许久，却只能领到一点微薄的工资。所以当邓文迪长大以后，她给自己定下的第一

个目标是她要有很多很多的钱，可以让她们家顿顿都吃肉，每次过年都能买新衣服穿。

但是在当时的中国并不是挣钱难，而是大家都没有钱，没有人可以为她提供一份高薪工作有钱给她挣。就在那时，改革开放了，邓文迪看到了报纸上对外国人生活添油加醋的报道：纸醉金迷，遍地都是黄金。

在那时邓文迪就生出了尤为强烈的出国的愿望。她想要出国捞金，挣很多很多的钱，过上衣食无忧的生活。事实上，时至今日，邓文迪也确实实现了她当初的愿望。现在的她拥有很多很多的钱，想要什么就可以买到什么。

不过却有很多人不耻邓文迪这样的追求。那些人高谈阔论，说人性至高的追求怎么可以被金钱的铜臭而腐蚀？但是不知道那些说出这样的话的人是不是也和邓文迪一样，在金钱的名利场上苦苦挣扎。

其实每个人都很清楚自己想要什么，但并不是谁都有勇气表达出来。对邓文迪来说，心口如一，是一种何等的强大！

邓文迪当年想要的，并不只是拥有无穷无尽的金钱。作为一个被中国重男轻女这样的落后思想伤害过的女性，而且是一个自尊心极强的女性，当邓文迪到了国外，她所追求的绝不只有金钱，她还要拥有极高的社会地位，才可以让人看到一个女性，一个现代女性邓文迪能做到的事情。她要从世人的眼里洗刷掉对女性的偏见。

无论在邓文迪读书期间，还是在邓文迪嫁作人妇以后，她都是一个非常努力而坚强的女性。当她无依无靠时，她可以一个人积极奋斗，当她的丈夫和男朋友们为她撑起一片天空的时候，她不会过分依靠自己的另一半，而放弃自己的努力。

当一个女性在思考自己到底想要什么、喜欢什么、想成为什么的时候，她就已经和别人不一样，没有思考过自己未来的人，才是随波逐流的，对自己未来有构想的人会比没有梦想的人在思想上高一个层次。

有很多人不解，为什么邓文迪在嫁给了默多克这样的亿万富翁以后，

还要那么拼命地出去工作？这不仅仅是为了邓文迪的两个女儿，更是因为当邓文迪站在她丈夫身边时，不管他富甲一方还是一无所有，她都可以张开双手，坦然地拥抱他。他富有，邓文迪不用觉得自己高攀；他贫穷，他们也不至于落魄。

邓文迪知道作为一个人，特别是女人就要自食其力，不要把是否幸福和生活的好坏的权利全都交给别人。那样作为一个女人，下场是很惨的。

出去工作只是踏入社会大染缸的一步，努力工作，赚得一点应得的回报，顺便发挥一点贡献走完这一生，是人生的必由之路。但人生绝不应该仅此而已，女人也不该只有生孩子的作用才对。读了那么多年的书，花了那么多的学费，总不能落到最后被别人说：上学没有什么用，最后还是只有嫁个好人家，一生衣食无忧就这样过生活吧。

奋斗，只是邓文迪为自己单纯作为一个用双足行走的人类，一个不跟时代认输的女性，这么多年付出的努力，谋求一个回报的价值。

不过平心而论，邓文迪的两段婚姻都以离婚收场，着实算不得什么好结果，但是邓文迪在她的婚姻里收获确实不少。

邓文迪被人们认为是一个传奇，大部分也是从她的情感史上来说的。

邓文迪的第一段婚姻结束之后，她得到了美国绿卡，以及从中国一个贫穷的小镇来到了美国的发达城市，邓文迪的命运就此改变。而邓文迪的第二段婚姻结束以后，虽然她并没有得到丈夫默多克多少的财产，但是她获得的两套房子都位于相当繁华的地段，一套在北京故宫的边上，另一套在美国纽约的金融中心，价值不可估量。并且邓文迪每个月还可以获得丈夫默多克付给她的 5 万美元的赡养费。就算在美国这也算是高薪收入。

可以说邓文迪的努力都收获颇丰。她在学业上的努力改变了她的命运，而她在婚姻中的努力，改善了她的生活。

邓文迪与默多克离婚以后，一开始人们还会说她在离婚那一天阴暗的表情以及失落的身影，但越到后来在各个地方亮相的邓文迪不仅一扫

以前脸上的阴云，反而越发的光彩照人。

　　不禁让人感叹邓文迪这个女人在经历了人生如此的大起大落以后，依然知道自己想要什么，能为自己想要的去努力拼搏。

　　离婚后的邓文迪知道自己手中唯一的资源就是这么多年以来积攒起来的人脉。所以邓文迪总是不停地穿梭于上流社会各位名媛之间。因为她知道如果以后她还要东山再起，那么这就是她手中最珍贵的资源。

　　世界上最美好的状态就是，看过了世界的黑暗与痛苦，却依然相信它的单纯与美好，愿意为之奋斗。

　　当邓文迪与众不同，便会孤独，但所有批评与排斥，都是她孤独的光环。当邓文迪问自己：愿和批判你的人们交换人生吗？她知道答案是很清楚的。她不需要全世界的理解和陪伴，不必强求无所谓的结果和答案，因为人生在世，知道自己爱什么，知道自己要什么，知道自己在做什么，就够了。

　　贱内、糟糠、内人、屋里的、烧火的、妻子、老婆、老伴、媳妇、夫人、太太等，这些称呼也反映了妇女不同时代的不同身份和地位。

　　白居易曾在诗句中替女人感慨："人生莫做妇人身，百年苦乐由他人。"他们认为，女人只有依附别人才能生存。到了现代，已是半边天的

第五章　奇人奇才，人格之谜

女性如果还依附于他人而生存，这不得不令人深思。其实，一个女人要获得真正的幸福，肯定自我，做一个自强自立的人，是最为重要的。独立地活着，并且奋斗，这是对生命的尊敬。

第三节　步步谋划的策略性

一、思虑周密

提到周密，第一个想到的就是德国人。据说德国人都是用量杯喝水的，每天保证他们的饮水量要达到一升，而且德国人连抹布都要一沓一沓，整整齐齐把它叠得像雪白的豆腐块一般。真是让人感叹日耳曼民族对待生活的认真简直到了不可思议的地步。

110多年前，德国租借青岛时，修建了地下排水系统，近年发现有个阀门锈蚀，需要更换。遂根据阀门上的文字联系德方求助，当年的生产厂家经过"改制"、"并购"、更换法人代表等早已经面目全非了，但新的公司还是给了认真的答复：按照德国的标准，在原阀门 x 方向 y 米处下挖 z 米，会有个备用阀门。维修工人照此找到了油脂密封包裹的备用阀门，大喜，问题得以解决。知情者皆叹服德国人做事之严谨。

人生在世，就要做事。如何做事？做事方式虽各有千秋，但目的只有一个，不外乎要把事做好。古语说："为一身谋则愚，而为天下谋则智。"讲的就是下棋讲究一个谋势，要通观全盘。做事也是一样，必须通盘谋划，全方位考虑。

邓文迪是一个很有远见的人，同样她做事也很有策略。

在邓文迪与默多克离婚这件事情上，默多克的发言人以"两人的婚姻在六个月以前就出现了无法挽回的破裂"为理由，迅速地单方面提出了离婚。

谜一样的女人：邓文迪传

据说邓文迪对这一点完全不知情。当时她正在为工作的事忙碌奔波，并不在家，当一纸离婚协议传到她手上的时候，邓文迪说："我不知道为什么会变成这样子。"

　　邓文迪已经陪伴了她的丈夫14年，她已经熟悉她丈夫的行事作风。她知道她的丈夫并不是在跟她开玩笑。而是确确实实的，想用这一纸离婚协议就结束他们的婚姻。

　　对邓文迪来说震惊之余，更有一种巨大的打击。但这个传奇的中国女人并没有就此一蹶不振，她迅速地在心里盘算着这场婚姻中的得失计较。

　　明眼人都认为邓文迪只要被逐出了默多克家族，她将失去她现在所有的光环。所有人都认为邓文迪一定会拒签这次离婚协议，或者至少也要跟她的丈夫狠狠打一场官司，挣得多一些的财产。

　　因为默多克为他的前妻安娜付了17亿美元的天价分手费，人们纷纷猜测邓文迪至少也可以分得10亿美元以上的财产。

　　但是事实上邓文迪衡量的方面的态度却与其他人的猜测有所不同。

　　其实只要邓文迪与默多克离婚，无论怎样，她都会获得一笔不菲的赡养费用。而且对于邓文迪来说，当她还是默多克的妻子的时候，默多克家族的人对她的工作总是或多或少地进行一些干预，这样的她在事业上非

常的受挫。与默多克离婚，或许对她自己事业的发展有好处也说不定。

但是邓文迪纠结的问题并不在于她能够分得多少财产，而且就算她分不了多少财产，自己也可以去挣钱，对于她来说，这点并没有什么值得纠结的。但是令邓文迪权衡的是她两个女儿对默多克财产的继承。

曾经在邓文迪为默多克生下第二个女儿克洛伊的时候，默多克就抱着他们的女儿宣布说，他所有的孩子都可以继承他的遗产。但因为默多克的长子自然放弃自己的权利，回到澳大利亚向他年迈的父亲示威，默多克最终又收回了这一决定。

在默多克家族里，关于默多克家族基金的继承权早已经分配完毕，由默多克的四个成年子女各掌握一部分。而且在国外有非常高的遗产继承税，高达百分之六十几，哪怕是等到默多克去世以后，邓文迪的两个女儿想要再去默多克的财产上分一杯羹，这绝对是非常艰难的。

但是现在邓文迪的两个女儿还未成年，如果说默多克要与邓文迪离婚，而且两个孩子又交给邓文迪抚养的话，默多克就一定会给邓文迪一大笔补偿，还会因为他的两个女儿在未成年之前就离开了她们的父亲，默多克会给出一笔不菲的损失赔偿。

正因为这个原因，外界还有传言说默多克与邓文迪离婚时为了他们的孩子着想，正是爱邓文迪的表现。

不过显然这种说法站不住脚，如果真的是因为爱，那么又何必与邓文迪打那几个月的官司呢？直接和平分手，把赡养费给邓文迪不就好了。

说来可悲，这也许就是邓文迪和默多克的两个女儿在默多克家族上百亿美元的财产里，能分到的唯一一部分资金了，对这两位默多克家族的小公主来说，今后的道路就要靠她们自己去闯了。

而且说实话，与默多克相处了十来年，邓文迪并没有发现默多克有想要给他们的女儿谋划未来的打算。一直以来，默多克都沉迷于他的商业帝国无法自拔。对于两个女儿的照料，向来是邓文迪亲自来。

如果说与默多克的离婚已成定局，那么邓文迪当然要为自己和自己

的女儿谋取最大的利益。不能说邓文迪过于现实，只能说她能够站在最高的角度为自己和自己的女儿谋划未来。

并且邓文迪是一个潇洒的人，当初默多克向她求婚，她可以潇洒地答应，当默多克说要离婚，她自然也不会纠缠不清。感情里面没有那么多的对错。何不干脆一点？拖泥带水对双方都是一种折磨。

更何况默多克已经决绝地将离婚协议书送到了她手里，难道她还要哭哭啼啼地去恳求默多克收回去吗？

在邓文迪经过一番权衡之后，她决定这个婚如果要离，那就离吧，但是她一定会为她和她的女儿争取到最大的利益。

或许在邓文迪与默多克的这场婚姻里，她为默多克生下的两个女儿才是导致他们的婚姻从一开始的甜蜜走向最终破裂的重要的因素。在没有孩子以前，邓文迪为了爱情可以什么都可以放弃，安心地当一个家庭主妇，对事业不管不顾，因为那时候她嫁给的是爱情。

可是有了孩子以后，越到后来，邓文迪越发现她的孩子与默多克前妻生的孩子的差别是那么大。默多克其他的孩子都是含着金汤匙出生的，从出生就注定要继承默多克至少是几十亿美元的财产，而邓文迪的孩子却什么都没有，还要处处受针对，受偏见。

可以说就是邓文迪为了女儿，她和默多克的婚姻才一步一步走向破裂。尽管他们两个人其实都非常爱他们的女儿。

这就是爱情里的故事，看起来自相矛盾，却又那么的理所当然。

在邓文迪与默多克的离婚案开始以后，邓文迪立马就换了代理律师，虽然邓文迪在这场婚姻中所得到的东西和财产寥寥无几，但是为她的女儿争得了一笔 10 亿美元左右的抚养金。

在这场婚姻中，邓文迪无疑是失败的，但因为邓文迪周密的思虑，她为她的女儿，的的确确打了一场漂亮的胜仗。

古今中外，凡成大事者，都有一个共同的特点，那就是一事当前，必先考虑全局之成败。

有人想事情一开始就习惯冲入细节，想具体实施方案。其实根本不是时候，整体思考、大方向都没考虑清楚，一开始就陷入细节，自然让你遗漏了很多东西。

但是精心谋划，办事周密的人也并非什么都可以得到。这一类人会权衡得失，该抓住的他们会狠狠抓住，抓不住的他们会忍痛放手。所追求的无非就是个利益最大化。

我相信，在他们得到的时候也不一定会很开心，因为失去的东西会像一把锥子，狠狠刺进心里，剧痛无比。

二、东方人善谋略，不善行动

现实的中国人不以道德而以谋略著称于世，《老子》《孙子》这类名著早已盛传于海外国内。中国现存的历代兵书居世界之最，其议论之恢宏智谋之深邃，令世人颇有仰之弥高之叹。中国人还善于引进以史为鉴。直到 18 世纪，中国史书之多，超过世界各个国家的史书总和。

在这些浩如烟海的历史著作中，蕴含着极其丰富的政治、军事、人生的思想，中国诸子百家也以谋略见长。于是，这些谋略大到治国平天下，小到修身避难，为历代官僚士子所揣摩运用。中国人的生活亦是谋略化的。或阴或阳，或刚或柔，或开或闭，或弛或张，或进或退，或入世或出世，中国人总是要经过好一番深思熟虑才能权衡利弊。

"谋定而后动"，谋是必需的，但绝不是"谋全而后动"。谋更大的意义是给一个方向，而不是分析出所有的可能和解决方案，实践中更需要具体问题具体分析。

为什么不谋全，将每一步都计划得完美无缺呢？首先，世事无常，这几乎不可能。另外，即使你有孔明之谨，奉孝之鬼，公瑾之英，如此的筹谋成本实在太高，而且，日常生活中太聪明也未必是件好事。

在一个行为链中，我们能控制的只是主体的部分，即自己的思考和

行动，客体能接受我们行动几分，能有怎样的反馈都是不确定的。

就好比邓文迪和默多克的爱情里，爱绝对不只是感觉而已，兴奋和快乐才是感觉，而爱是一个互动的过程。首先默多克要表现爱，然后邓文迪才会接收到，接着会有反馈，但邓文迪会给出怎样的反馈，默多克完全不清楚。

谈过恋爱的人都知道，只是喜欢一个人是不够的，还要知道如何喜欢一个人。所以，喜欢一个人靠感觉，成就一段姻缘需要的就要复杂得多，需要在正确的时间，正确的地点，喜欢上一个正确的人。这是弥足珍贵的！

"爱情可以在任何时候与我们相遇，却只在我们有能力把握的时候驻足。"

明谋善断与雷厉风行都是成功人士的标志，然而将两者结合得很好的其实不多，更多的是有所偏废的。于是才有了"思想的巨人"和"行动的矮子"。这其实也无可厚非，大家禀赋不同，各有所长。唐僧是思想的巨人，所以他是方向的指引者，无论何时都只是一句："向西！"孙猴子是行动的大圣，所以他是事务的摆平者，遇到妖怪二话不说，就是一个字：打！

我们必须承认邓文迪这样的女人有胆识有谋略，还有如男子般的进攻性和精确瞄准的目标性。知道自己要的是什么，哪些东西应该抓住而哪些东西应该放弃。

这样的女人当然是一个思想上的巨人，但是东方人向来只擅长高谈阔论而不擅长实践。就像邓文迪可以在耶鲁大学的考试中取得优异的成绩，获得 MBA，但是真正当她到了事业场上的时候，她做的事业，其实至今为止没有一个是真正地取得了完全的成功的。

所谓高分低能正是如此。其实这是一件很讽刺的事情，历年来，到国外名校深造并取得优异成绩，拿到毕业证书的人不在少数，但是获得诺贝尔奖以及一些其他的国际奖项的人却都是外国人，极少能看到中国人的身影。

即使是有，也只是在文学或者思想领域小有斩获。比如莫言获得诺贝尔文学奖，但是在一些科学实践方面却从未有过突破，这就是因为东方人大多善谋略而不善行动。

中国人都是"唐僧"，知识储备量大，好像什么都懂，什么都会，但当真正的妖怪来的时候也只能无力地坐在那里等着他的大徒弟、二徒弟、三徒弟，还有那一条小白龙赶来救援。

中国人向来鄙夷西方人做事不踏实，学习知识不勤恳。但是妖怪来袭的时候，西方人这只"孙猴子"却总是能一棒就摆平所有的妖魔鬼怪。

这些思想上的巨人从来都是想的多做的少。

邓文迪就是这些思想巨人的一分子。要说西方的大学向来是宽进严出，没有真正的实力，绝对是很难在耶鲁大学拿到硕士毕业证的。邓文迪既然能取得耶鲁大学的MBA，那么说明至少她在思想上是有一颗做商人的心的，并且是做一个极有成就的商人。

在邓文迪工作以后，她也确实展现了她小部分的商业才能，可是邓文迪这样的人可以是吴用，却绝对当不了宋江。

或许邓文迪是一个有远大抱负的人，但是她也秉承了所有思想巨人的头重脚轻。她想要涉足电影行业，但是她拍摄的电影却都没有取得好的效果。邓文迪还想在默多克公司里谋取一席之地，但她在MySpace担任亚洲执行副总时确实也没有取得太大的成就。一开始不过是保持稳步增长不下滑，而到后来连稳定的增长也保持不住。

由思想的巨人到行动的矮子，这样戏剧性的转化其实是有必然联系的。正是因为思想太过高大上，胸中抱负千千万，可是现实却是如此的残酷，人们根本实现不了自己远大的理想。

正是因为眼界太高，自身能力达不到，人们才会去指责说出这话的人眼高手低能力不足。邓文迪对她的婚姻或许曾经也是有很大的憧憬的，想要把它建设成爱情的象牙塔，但是现实就是如此的残酷，她嫁给了默

多克以后，才发现一切都和她想象的不一样，所以邓文迪才会不安于现状，总想去挣扎，去打破。

最终成了一个善谋略而不善行动的人。

第四节　没有人想要成为邓文迪的对手

一、天下没有免费的午餐

在邓文迪与默多克离婚以后，所有人最关心的就是他们的财产分割问题，显然天下没有免费的午餐。邓文迪用她的青春年华与默多克交换的成果是非常值得的。

邓文迪被公众所熟知就是因为嫁给了默多克。如果说在他们刚刚结婚的时候，人们只是好奇这个变成凤凰的麻雀如何适应她的豪门生活。那么在邓文迪与默多克离婚以后，人们就开始了拼命对邓文迪过往生活的挖掘。

在邓文迪还是默多克的妻子的时候，关于邓文迪的信息，就算有人去调查了，也不一定能够刊发出来，毕竟她的老公就是执掌传媒界的帝王，怎么可能会让自己的妻子一丝不挂地暴露在媒体面前？

据说有一位国外的记者艾瑞克·埃利斯，他在 2007 年时接受了澳大利亚杂志《好周末》的委托，花了三个月的时间用 25000 美元，走访了徐州、广州、北京、美国，试图勾勒出邓文迪的生活轨迹。艾瑞克甚至去采访了现在居住在美国的乔伊斯·辛顿，也就是邓文迪前夫杰克·切瑞当年的发妻。

但是艾瑞克的心血之作却迫于默多克的压力，无法在《好周末》刊出。虽然最终这篇名为《文迪·邓·默多克》的文章还是面世了，但内容已经在审查中删减了许多。

其实这样的现象也不难解释，默多克自己就是玩媒体的，他也见过很多艺人明星在他媒体的暴露下毫无生活隐私。这并不是一种舒适的生活状态。所以默多克不想自己以及自己的家人被完全地剖析出来，也是一种很正常的状态。

可以发现，在默多克与邓文迪保持婚姻关系的 14 年里，关于邓文迪的新闻少之又少，最多无非就是说邓文迪作为一个来自中国地区贫穷城镇的女孩，最终嫁给了默多克这个与她年龄相差颇大的亿万富翁，仅此而已，最多还会曝光一下邓文迪在耶鲁大学的高学历。但是关于邓文迪其他方面的过去甚至是一些不好的过往，全都被默多克压了下去。

一方面或许是想保护自己与家人的隐私，但是另一方面我们不能排除默多克其实是知道邓文迪结过婚的过往的，但是为了保持自己良好的形象以及他在新闻集团的形象，所以默多克选择了把这些信息全部压下去。

一个很奇怪的现象是在邓文迪离婚以前人们对她的评价一般都是"傍大款""小三上位"等，这样偏女性化又显得有一点点柔弱的女性形象。

而在邓文迪与默多克离婚以后，人们对邓文迪的评价反而偏向了她是新闻集团财产的掠夺者，出轨、暴力、粗俗这样带有攻击性的形象。甚至很多人说"永远不要与邓文迪为敌"，"没有人想成为邓文迪的对手"。

而那时候，邓文迪还是一个刚刚被默多克家族扫地出门的女人。

"文迪还要照顾两个孩子，但每个人都认为她在等待时机，她总是在寻找机会插手进新闻集团内外事务。而鲁伯特·默多克与她关系又很近，大家都等着看她成为一个崛起的玩家。据我所知，在后鲁伯特·默多克时代低估她，将是非常愚蠢的。当拆分大战打响时，她会在场，她的两个孩子已手持餐刀切入后鲁拍特·默多克时代的馅饼里，并且越切越深。"多年前，面对记者艾瑞克·埃利斯的提问，默多克的前资深雇员安德鲁·尼尔如此预言默多克死后邓文迪将在新闻集团扮演的角色。

不过就是安德鲁似乎也没有想到，邓文迪与默多克的婚姻在保持了14 年后却最终走向了破灭。

　　在 2011 年的窃听风波里，邓文迪掌掴抗议者英勇救夫的事件离他们 2013 年离婚不过两年光阴。应该说所有人都没有料到默多克与邓文迪的婚姻竟会如此突兀地戛然而止。

　　据说甚至连邓文迪自己也没有料到。当邓文迪得知默多克要和自己离婚时，震惊异常，她没有想到会有这一天。但是在另一方面，她和默多克已经分居多年，在他们离婚的前四年里，邓文迪又把她的生活调到了战斗模式，开办了自己的大脚（Big Foot）电影制作公司，以及联合创办的艺术网站 Artsy。邓文迪几乎是激进地推进着她的个人事业，努力延伸她的社交圈。而这些举动在后来看来却又像是邓文迪早早地就在为自己铺后路，或许她自己也早有预感，她和默多克迟早会走到分手的那一天，只不过这一天比她想象的来得更猛烈、更突然。

　　还是回到那句话，天下没有免费的午餐，这句话不仅仅说的是邓文迪，对于默多克来说也是一样。

　　邓文迪用她最青春的年华陪伴了默多克这位已经暮色苍苍的老人走过 14 个光阴。如果邓文迪和默多克都是普通人，他们没有金钱和权力的光环加身，那么旁人会不会不一边倒地指责邓文迪，说是邓文迪傍大款，而是会同情邓文迪将自己的年华错付？

　　但是现实社会没有那么多的"如果当初"，他们的身份不会因为任

何凭空想象而有所改变。我们不能否认，就是因为与默多克的这场婚姻，才把邓文迪这个原来名不见经传的女人推向了舆论的风口浪尖。

在邓文迪与默多克的婚姻里，有人说是默多克赚得多，他得了两个女儿以及利用邓文迪造势，在中国市场以及国外市场为他的新闻集团赚足了话题度。要知道具有话题性，对于一个媒体帝国来说是多么的可遇不可求。据悉，在默多克与邓文迪结婚之后，默多克新闻集团大大地开拓了市场，虽然我们不能说这完全与邓文迪有关，但是邓文迪绝对是其中很大一股助力。

而邓文迪在这场婚姻里得到的想必所有人都看到了，一千多万美元的现金和两套房子。离婚后的邓文迪或许变得非常有钱，但是绝对不会有她和默多克共同生活时那么多的钱。而且她也失去了与默多克在一起的权力感，她成为一个社交名媛，但是也只是一个社交名媛了。

二、不典型的中国女性

2015 年，一篇名为《一到美国我就再也看不上中国姑娘了》的文章在网络热传，作者列举美国女性独立应付生活的各种能力，宛如为他打开了新世界的大门。事实上，美国大妞真的比中国姑娘有魅力吗？中美两国的女性在对待男人的态度上又有哪些不同呢？

在《一到美国我就再也看不上中国姑娘了》一文中，作家石康开门见山提出了找姑娘分为"中国趣味"和"美国趣味"两种类型：前者重视"性实用"，而后者重视"实用性"。举例来说："在中国，当我因种种原因内心焦躁苦闷，在灯下写作时听她撒个娇就觉得生活有点安慰，而她的相貌与身材多是为了引起我的性欲和保护欲。但到了美国，普通人生活变广阔，安慰没有用，生活需要自己去创造。你需要一个与在中国完全不同类型的姑娘，她首先是个有独立应付生活能力的人，还能与你配合，此刻，爱情显示出另一种意义。"

美国女性的独立，赋予了她们独特的魅力，无论在经济上还是在心理上，她们都很少依靠自己的伴侣。有人说，在美国，女人在婚姻生活中追求的是成为丈夫的好朋友，然而在中国，恰如石康所言："中国文化培育出的好姑娘全是为床上和室内准备的，她们的好处在于，有了她们，你窝囊地回家后觉得有点小安慰，这就是中国人的生活质量。"他还指出，恰恰是由于这种生活质量，使得中国出现了越来越多优秀的"剩女"。

在这位出了一趟国的作家眼中，不少美国的男同胞似乎并没有意识到"会修车""会盖房""会登山"是美国姑娘值得歌颂的优点与美德，还有不少美国男人觉得隐忍包容的中国女性是不错的伴侣——一个美国男人和前妻结婚时月薪 5000 美元，后来因为他不想那么累，就换了一份 3000 美元的工作。没想到前妻马上提出离婚，并表示这样的婚姻不是她想要的。美国男人很伤心，发现新同事娶的中国老婆，从来没有嫌弃过老公收入低，中国老婆不仅会做好吃的中国菜，赚的钱也不比老公少，太 nice 了！于是他也娶了个中国老婆，从此过上了"神仙生活"！

曾经在网上流传过这样一句话：当一个男人失败的时候，欧美女人会说：其实你干得不错。日本女人会说：某某君，请加油。中国女人会说：没用的东西，这都干不好。女人们话是这么说，可事实却是，欧美女人带着孩子去找别的男人了，日本女人趁着年轻去拍电影了，只有中国女人，一直陪她口中没用的东西奋斗下去。

老实说，对于这位作家对西方女人片面而盲目的欣赏，我确实不能苟同。美国作为一个快餐文化的国家，独立自强的美国大妞跟温婉娇俏的中国女子比起来确实是有一定的差别。

在美国，女人在婚姻中追求的是如何与丈夫成为好朋友，而中国女人与丈夫的关系是在不断的吵架和撒娇中转变的。美国的妻子叫丈夫"亲爱的"，而中国的女人叫丈夫"该死的"。

但是美国女人奉行的是"大难临头各自飞"，当丈夫出现工作上的危机时，美国妻子或许会鼓励他。但是当这个危机到了无法挽回的地步时，

美国女人常常会一走了之。而中国女人无论平时如何的谩骂、指责、嫌弃自己的丈夫，当真正的危机来临时陪在丈夫身边的永远还是她们。

不过，平心而论，虽然美国女人在对待感情上与中国女人的态度有所不同，但美国女人确实也是有很多优点的，比如独立自信，开朗乐观等。

作为一个土生土长的中国女性，邓文迪身上具有很多中国女性的优良品质，但是由于多年的留学生涯，邓文迪身上同样也有许多美国女人的习性品质。比如勤俭节约和吃苦耐劳。当然，勤俭也是有一定限度的，绝对不是为了斥资购买小轿车，而强迫自己喝 5 美分一碗的汤。适当的勤俭和吃苦会让自己过得快乐而单纯。

还有不断地读书，邓文迪至今不过五十岁，却有二十多年都在学校学习，结婚后在家带小孩的时候也没少读书。读书的最大好处是，获得未知的知识和技巧、接受他人的经验和教训、提高个人的素质和休养。高尔基说："书是人类进步的阶梯。"单身女人最忠实的情人应该是书籍，把书作为自己进步的阶梯，活到老学到老，才能一直保持自己的魅力，不与时代脱节。

除了学习努力还有努力工作，工作最基本的需求是赚取生活费用，养活自己，补充家用。但是，在邓文迪还是一位单身女性的时候，努力工作是为了释放自己最大的价值，在不断地进取和成绩中获得肯定和自我完善。她们与那些放弃工作、走入家庭的女性形成鲜明对比，更显独立自主、特立独行，为社会创造价值，是城市街头匆匆奔走的亮丽风景线。

曾经作为校排球队主力的邓文迪十分热爱锻炼身体众所周知，锻炼身体能保持柔美的曲线、强健体魄、培养活泼好动的性格、建设开朗豁达的心情。新时代有口号说"流汗的你才是美丽的"，我们暂不论它准确与否，毕竟，它带来的收益要远远大于失去的。

独立的女性应该不同居，这也是一种独立自强的体现。在邓文迪被传媒大亨默多克追求的时候，默多克还没有与安娜离婚，默多克一开始让邓文迪与他在一起是想让邓文迪当他的情妇。邓文迪想都没想就果断地拒绝了他。那时候的邓文迪就明白，女人不能依附男人而生活。同居的女人以为同居能牢固爱情、换来婚姻，真是大错特错。不同居的女子有自己的工作，有自己的追求，有温馨的朋友圈……试想，一个没有婚姻保障的女人，整日做着柴米油烟的杂活儿，能有多美丽？

女人还要适度逞强，一本书上说"现代的男子更喜欢《莫斯科不相信眼泪》中卡捷林娜那样争强好胜的女子"。女人虽然不是天生的弱者，毕竟跟男性比起来性情温柔力气弱小。所以当别人明知女人此事很难做得来，又看女人偏偏要做的劲头时，那股青春倔强的美就淋漓尽致地展现在男人眼前。

人生不如意之事十之八九，所以千万不要刻薄自己，一些离了婚的女人，往往会抱怨"我从前太傻了，赚钱不舍得吃不舍得穿，舍得花几百块钱给他买衣服，自己从来没穿过上一百的衣服：精打细算，为家庭计划未来，却没给自己留下后路……"。

邓文迪显然不是会这样薄待自己的人，在与默多克结婚时她绝对是生活的享受者，迅速融入了默多克的生活圈子。恢复单身后，邓文迪依旧该吃的吃、该穿的穿。因为她知道，这个世界上没有人比她更爱自己。她若不对自己好，谁又会对她好呢？

甚至在邓文迪离婚以后，依旧有年轻俊男一个接一个被她收入囊中。很多人不解，为什么邓文迪对男人有这么大的吸引力，有人说是因为钱，但是在邓文迪还是个穷学生的时候呢？在她一穷二白打工的时候呢？总不能说，亿万富翁默多克迎娶邓文迪是因为邓文迪的钱吧？

或许邓文迪的相貌并不拔尖，

但拥有如此吸引人的人格魅力，男人们一个又一个地拜倒在她的石榴裙下又有什么奇怪的呢？

而尤其是在邓文迪声名大噪以后，她的经历被越来越多的人熟知，越来越多的男人认识到：啊，原来世界上还有如邓文迪一样的女人。

如果这是一个自认可以 hold 住邓文迪的男人，他一定会爱上邓文迪这样的女人——因为那同时，也几乎宣告了这个人作为强大男人的存在。

谜一样的女人：邓文迪传

第六章　她和他们：朋友抑或垫脚石？

第一节　邓文迪和伊万卡·特朗普

人们总是喜欢把邓文迪称为一个传奇。

而邓文迪的传奇之处在哪呢？有两个，第一个就在于她的情感史，而第二个就是邓文迪强大的交际圈，邓文迪好像可以与各界成功人士都成为好友。

关于邓文迪的好友，各界说法也是颇有特色，有人说邓文迪与这些人结交，是因为心性相投；但是绝大部分的人则说邓文迪之所以会那么千辛万苦地和这些人成为至交好友，只是为了他们的身份地位。邓文迪想要踩着他们的身份一步一步往上爬。

不过，如果邓文迪真的只是一个贪慕虚荣的女人，那么为什么又会有那么多的成功人士愿意和邓文迪成为好友呢？

那些位高权重的人都不是傻子，如果他们不能看清邓文迪的身份，那么又怎么可能混到今天的地步？如果他们看清了邓文迪真正的目的，又怎么可能跟她如此的推心置腹？

但我们都不是邓文迪，无论外界怎么说，我们都不可能真正地清楚她与这些名人交往的时候心里怀着的是怎样的一份考量。

邓文迪的朋友圈实在是金光闪闪，这是毋庸置疑的，而在邓文迪的朋友圈里，如果说谁最位高权重的话，那么必定就是这位美国总统的女儿了。

伊万卡·特朗普（ Ivanka Trump ），1981 年 10 月 30 日生于美国纽约，美国总统唐纳德·特朗普的女儿，世界超级名模，美国纽约房地产巨鳄特朗普集团副总裁。

谜一样的女人：邓文迪传

　　曾连续两年登上美国《福布斯》杂志的全球十大未婚女富豪排行榜榜首，伊万卡是美国第 45 任总统唐纳德·特朗普与他第一任妻子所生的孩子。

　　2009 年 10 月 25 日，伊万卡与贾瑞德·库什纳结婚，用 Twitter 全程记录了婚礼。

　　2017 年 3 月 29 日，伊万卡宣布将正式在白宫担任无薪资的非正式顾问职务。

　　而邓文迪与伊万卡两人的友谊可以追溯到 2011 年。伊万卡的老公贾瑞德·库什纳除了是房地产大腕以外，还是纽约《观察家》杂志出版人。贾瑞德和邓文迪的前夫默多克是实打实的同行，社交女王邓文迪自然而然地打入了这个圈子。

　　而那个时候默多克的公司已经在美国打下一片天，默多克与伊万卡的父亲唐纳德·特朗普也交往密切。据悉，当初唐纳德当选美国总统以后，关于他的报道就是默多克亲自压阵采访的，而唐纳德在白宫会见的第一批商业大鳄当中就有默多克的身影。

　　默多克从事的行业是新闻媒体，而大部分的新闻媒体要在一个国家生存，其发布的内容就必须与这个国家的时事政治密切相关。如果要发布一些与这个国家政策完全相悖的言论，那么这个媒体肯定是在这个国家办不下去的。

默多克显然深知这一点，他的新闻集团横跨五大洲，在各个国家都有重要的地位，因此，默多克知道要想在一个国家将他的传媒帝国继续扩张，与这个国家的政要搞好关系是非常重要的。

邓文迪与伊万卡这两个传奇女性，在这两个巨大的商业家庭里自然而然地被吸引到了一起。

2011 年，伊万卡加入了老公还有邓文迪等人的媒体团一起去了约旦，见了拉尼娅王后，随后，和邓文迪迅速发展成密友，两人一起看秀，参加派对，也不忘聊媒体合作。

2016 年 8 月，邓文迪与伊万卡从克罗埃西亚旅游回来，伊万卡还在社群网站 instagram 发文指邓文迪是"可以激励你努力工作，积极向上，同时还能让你开怀大笑的好朋友"。

伊万卡与邓文迪这两位传奇女子能够如此的惺惺相惜，与两个人都具有乐观坚强、拼搏上进的性格有很大关系。

伊万卡是美国房地产大王唐纳德·特朗普（Donald Trump）的女儿。伊万卡·特朗普既继承了妈妈的美丽，又是爸爸巨额财富的继承者之一。在这个拥有豪华游艇、一座有 140 个房间的豪华别墅和 21 亿美元继承权的女孩身上，没有一点娇生惯养的坏毛病。在她 35 年的平坦前途上，有 30% 是借了家族的光，而 70% 则全靠自己打拼。

伊万卡·特朗普从小打工挣零花钱，父母只提供足够的生活费和教育费，连电话账单都要自己付。因此，尽管伊万卡在 7 岁时就从父亲那得到了第一颗钻石，可她一直懂得不劳而获是可耻的。

在教育孩子如何看待金钱的问题上，伊万卡的爸妈非常一致。父亲说："我们给她足够的生活费，但绝不会让她要风得风，要雨得雨。"母亲则只肯给她提供学费，其他一切费用都要她自掏腰包，如果她想手头上多几个零钱花，就必须自己努力。

这一点倒是与邓文迪的教育方式十分相似。

伊万卡承认，她不得不去挣钱，因为除了学费外，其他一切开支她

谜一样的女人：邓文迪传

都得自个儿掏腰包，妈妈甚至让她付电话账单。于是，她上高中时就开始打零工当模特，16岁时，凭着高挑的身材和靓丽的外表以及自身的努力，伊万卡在精锐模特管理公司找到了一份模特的兼职。

1997年5月，伊万卡甚至成了《17岁》杂志的封面女郎。同一年，她成为了美国妙龄小姐选美比赛的主持人。但有一个不能否认的事实是，她的父亲唐纳德正是美国小姐、美国妙龄小姐等几项选美大赛的总裁。

在这件事情上，不能说是伊万卡沾了父亲的光，如果伊万卡自己没有能力的话，就算特朗普把所有的资源都堆到伊万卡身边，伊万卡也成不了大器。伊万卡自己是有实力的，在那几档电视节目中，她收获了很多的赞誉。

2004年，伊万卡大学毕业后没有马上进入父亲的公司，而是去福里斯特城合伙公司，担任零售拓展部的一名项目经理。对此，她的解释是：我想要去别的房地产公司，先从基层做起。因为我不想一辈子只有在特朗普集团工作的经验，而是想先看看别的公司的经验，了解房地产业各个环节的工作。

最终伊万卡回到了家族企业，成为特朗普集团的副总裁，对一个24岁的女孩子而言，她所要负责的工作可谓千头万绪，从全球范围内房地产项目的评估分析，到项目的建设、行销和租借，她都需要涉足。不过，这并不会难倒伊万卡。她从父亲那里继承了精明的头脑，6岁时她就开始买股票赚钱了。

并且，与其他富家子弟不同，伊万卡肯于勤奋积极地工作。为了调查酒店业竞争者的情况，她每个月都要在其他酒店住上一晚。她的日常生活就是坐着飞机奔波于各地，参加商业会议，经常一天只能睡上4小时。就连她最喜欢谈论的话题，也不是名牌时装，而是商机或读过的新书。

"如果我干得不好，也会被父亲解雇的。"伊万卡说，"我希望能赢得同事的尊重，现在，是为自己建立业绩记录的时候了——我得努力工作、成功地开展项目，确实地把酒店部分的业务推向国际。我上班可不会想

第六章 她和他们：朋友抑或垫脚石？

着朝九晚七，我要比那卖力得多呢。"

和雄心勃勃的父亲唐纳德·特朗普一样，伊万卡·特朗普是一个有远大志向的人，她不甘于总是顶着"地产大王女儿"的头衔。2007 年，伊万卡·特朗普推出自己的同名珠宝系列 Ivanka Trump Jewelry Collection，并在纽约曼哈顿中心麦迪逊大道上开了自己的珠宝店；伊万卡·特朗普还与食品巨头 ConAgra 公司合作，推出了自己的微波快餐产品。

全球第一美女富豪伊万卡·特朗普并不满足于守住家业，还另辟生财之道。后来，她就当上了明星设计师，推出了自创同名品牌，包括成衣、珠宝、女鞋、香水。身材高挑并当过模特的她还亲自担任了自家品牌的代言人。

虽然这位美女富豪向来都是脚踩天价鞋，但 Ivanka Trump Footwear 的定价却不高，是一般人也付得起的中价位，价格在 80~140 元美元。伊万卡·特朗普说："我的设计就是所有我喜爱并且想要穿的东西。"

伊万卡勤奋努力得根本就不像一个"富二代"。当她与同样努力上进的邓文迪撞在一起时，没有道理不英雄惜英雄。

特朗普的外孙女、伊万卡的女儿阿拉贝拉（Arabella）背诵唐诗的影片曾在网络疯传，引发讨论。

这并不是小朋友第一次展示中文才艺，实际上，阿拉贝拉经常背诵中文诗词，当然有时候还会像中国小朋友一样，背着背着就把几首诗混在一起了……

除大女儿阿拉贝拉以外，伊万卡对自己其他两个孩子的要求也是一模一样：必须都得会流利的中文。

特朗普家庭如此看重中文教育，除了基于商业原因，对中国经济发展前景看好之外，和伊万卡的一位中国闺蜜也有莫大的关系。这位闺蜜就是邓文迪。

邓文迪和伊万卡的友谊已经保持了好多年。在邓文迪还是默多克的夫人，而伊万卡只不过是一个纽约地产商的女儿时就开始了，两人几乎每年都会结伴出游。

邓文迪在接受《卫报》采访时盛赞特朗普的女儿伊万卡。邓文迪在采访中说，伊万卡令人印象深刻。"她有三个孩子，还在教孩子们中文，这很棒。"

除了一同玩乐，邓文迪和伊万卡也在事业上互相扶持。

邓文迪的艺术网站举办活动，伊万卡义不容辞帮站台，而伊万卡的珠宝品牌开拓大陆市场，邓文迪也是全力支持，还替她出马办发布会，可见两人之间的感情有多好。

2016年9月，两人一同观看美国网球公开赛男子单打决赛，谈笑甚欢的画面引发讨论，《每日邮报》事后甚至发文称："看着这一幕，谁还关心网球！"

不过可见两位女强人凑在一起，话题性确实是十足。

在美国网球公开赛的观众席上当时还坐着能在好莱坞呼风唤雨的"梦工厂三巨头"之一大卫·格芬和超模卡莉·克劳斯等人。当天一同观看比赛的还有英国王室成员比亚特丽斯郡主、俄罗斯富豪罗曼·阿布拉莫维奇的妻子等重量级人物。邓文迪和伊万卡却是全程腻在一起有说有笑。伊万卡甚至连自己的老公都不顾了，专心与邓文迪聊天。

伊万卡与邓文迪的闺蜜情也正是因为在球场上被拍下的这一组照片逐渐为外界所知，同为美利坚名媛的二人曾一同现身为数众多的时尚、商业、娱乐活动，留下亲昵合影。

而邓文迪作为新闻集团掌门人默多克的前妻，也曾是呼风唤雨的女人，这两位传奇女性可以说是非常有缘分，默多克和贾瑞德都经营着传媒行业，这一老一少还都是犹太人，两人都是犹太媒体人非犹太人种的妻子。

传闻默多克的母亲不喜欢邓文迪，很大一部分原因就是邓文迪不是犹太人。同样的，贾瑞德在与伊万卡交往以后，贾瑞德的母亲也曾因为

伊万卡不是犹太人而反对两人在一起。伊万卡与贾瑞德因此一度分手。最后还是在邓文迪的劝和下，两个人才破镜重圆，重新走到一起。

说邓文迪是两人的红娘完全不为过。

邓文迪与伊万卡的缘分可谓非常深厚。伊万卡是邓文迪两个女儿的委托人之一，邓文迪也经常去教导伊万卡的孩子说中文。

哪怕是在邓文迪与默多克离婚以后，两个人也有许许多多的牵连。两个人经常一起交流对孩子的教育问题，经常结伴出去旅游，甚至在聚会和事业上也常有交集，或者说就是结伴同行。

据悉伊万卡·特朗普已经计划把"妇女权利"作为自己的工作重心——至少是女性在商业领域的权利。她在邓文迪的公寓举办了一个秘密的晚宴，到场的女性都是著名的企业家。包括 IBM 首席执行官罗睿兰（Ginni Rometty）、德勤首席执行官凯茜·恩格波特（Cathy Engelbert）、施乐公司董事长兼 CEO 乌苏拉·伯恩斯 (Ursula Burns)、时尚品牌汤丽·柏琦的行政总裁、轻奢女王 Tory Burch、知名主持人米卡·布热津斯基（Mika Brzezinski）、福特基金会会长吕德伦（Darren Walker）等人。

在父亲与丈夫强大的背景下，再加上伊万卡自己的努力，近年来，伊万卡的事业可谓蒸蒸日上。这位美国的大公主的实力和美誉度都可谓噌噌噌地往上涨。

而邓文迪作为伊万卡的闺中密友，不仅在伊万卡的身边认识很多有身份、有地位的商界名人，更能从伊万卡那里得到许多珍贵的商业机密。

早在2014年《每日邮报》就曾报道，伊万卡和邓文迪甚至时常"夜聊"，分享彼此的心事。

虽然现在的邓文迪已经失去了默多克这座大靠山，但是有这样一位厉害的闺蜜，邓文迪的事业却没有走向下坡。与邓文迪和默多克还是夫妻的时候处处受压制相比，邓文迪此时此刻的事业却有稳稳起步的架势。

在"大公主"的保驾护航下，邓文迪不断地活跃在美国各个时尚会场和party中。两个人时常留下一些亲密的合影照，邓文迪与伊万卡这一对相差了十来岁的好闺蜜经常让旁人羡煞不已。

有人说，人世间最纯洁的友情只存在于孩童时代，这是一句极其悲凉的话，却有很多人赞成。人生之苦和艰难可想而知。很多人就是在某次友情感受的突变中猛然发现自己已经长大。

邓文迪和伊万卡都不是在自己最懵懂的年纪遇到了对方，而是在自己已经物欲横流的圈子里见到了对方那样一个强硬却又带着单纯冲劲的人。一个明明与自己完全不同，却又好像有哪里十分相似的人。叫她们如何能不珍惜呢？

友情表示"无缘之慈悲"，无缘即无条件之意。无条件之友情，即是世间超越血缘、地缘，出离家园与国家，超越骨肉血亲之爱，超越国别地域之爱，对所有人皆可平等奉献、交流无条件之友情，这即是友情的奇特之处。

俞伯牙和钟子期的故事分明是在说，不管你今后如何重要，总会有一天从热闹中逃亡，孤舟单骑，只想与高山流水对晤。走得远了，也许会遇到一个人，像樵夫，像隐士，像路人，出现在你与高山流水之间，短短几句话，使你大惊失色，引为终生莫逆。但是，天道容不下如此至善至美，如果你注定会失去他，同时也就失去了你的大半生命。

虽然国籍不同，年龄不同，但是这一对好闺蜜之间一个表情就能和对方心领神会，一句话便能完全明白对方此时的心情。虽然不能相通，但是早已经契合，就像亲人一般的熟悉，但又像爱人一样的真诚。

对于她们来说，相识就是一种缘分，相知更是一种福气，人生若浮萍起起落落，聚散无常，哪怕身处她们那个地位，也不能时常相聚，但是她们都知道无论她们身在何方，心情如何，有一个人都可以与你分享。

第二节　邓文迪和李冰冰

说起邓文迪和李冰冰的友情就不得不追溯到 2010 年，邓文迪独自踏上创业之路的第一部电影《雪花秘扇》了。

《雪花秘扇》原定的女主角本来是当时在国际上已有一定知名度的章子怡，可是天有不测风云，章子怡"泼墨门"事件发生后《雪花秘扇》女主角易人，李冰冰入主。不过李冰冰本来就是《雪花秘扇》女主角的候选人之一，章子怡退出后，投资方诚意十足地邀请李冰冰担任主演，对李冰冰来说颇有几分"救火"的意味。

《雪花秘扇》拍摄完成后，李冰冰和邓文迪在媒体面前似乎并没有熟络起来，和之前章子怡经常高调晒出自己与邓文迪的合影大为不同，李冰冰和邓文迪都很低调，并没有借此事进行炒作。

由这一点可以看出来，邓文迪还不是一个很专业的电影人，一般的电影导演在自己的新片刚上映的时候就会找各种各样的素材来进行炒作，操作手法也是层出不穷。

而邓文迪这个固执的女人似乎并不想依靠这一类手法来为她的电影赚口碑。她似乎更相信《雪花秘扇》的实力，她想用《雪花秘扇》这部电影真正的情怀来打动观众。

谜一样的女人：邓文迪传

可以说这样的电影人真是一个不合格的电影人，但是这样的电影人会更专注于如何提升影片的质量，而不是如何去给自己的影片找噱头。

据说邓文迪和李冰冰两人的关系暴露还是某天晚上，记者意外撞见李冰冰与朋友在某高档酒楼吃饭，当晚 10 点半左右，酒楼门口一阵寒暄之声，记者看到戴着眼镜、留着披肩长发的李冰冰笑盈盈地与几位男性朋友一起走出门来。

其中李冰冰与一位 30 多岁、派头很足的女性走在众人前面，李冰冰亲密地挽着这位女士的手臂，两人边走边窃窃私语。

那位女士虽然衣着不算很华丽，但透出几分女强人的干练气质，李冰冰对她也显得非常恭敬。随后，那位中年女士和李冰冰相携上了一辆商务汽车，十几分钟后汽车来到了天安门附近一条街道的一所四合院内。

当晚，与李冰冰秉烛夜谈的女士显然非富即贵，而她的住所竟然位于寸土寸金的皇城根下，事后记者才恍然原来她就是传媒大亨默多克的妻子邓文迪。这处位于皇城根下的四合院正是默多克和邓文迪在北京的私家府邸，这所四合院面积数千平方米，价值数亿元，据说院内亭台楼阁和现代化的设施一应俱全，令人瞠目。

邓文迪当初邀约李冰冰参演《雪花秘扇》的故事已经是声名远播了，对于干练直接的邓文迪，李冰冰一开始是完全蒙的，甚至有些隐隐反感，不过邓文迪的真诚和直接还是打动了她。

据李冰冰自己说，当初她本来在台湾拍广告，接到邓文迪略带强硬的邀请后，李冰冰还是硬着头皮答应了下来，但随即邓文迪就表示她要

飞去台湾找李冰冰面谈。李冰冰更蒙了，她还从没有见过像邓文迪这样说风就是雨的人。

为了婉拒她，李冰冰告诉邓文迪她马上就要离开台湾去香港了，事实上李冰冰也确实将要结束她台湾的行程，没想到邓文迪立马就说，那她也去香港。

当时的李冰冰成名已久，可以说也是见过大风大浪的人了，拍过的电影也不在少数。与制片人交流的手段基本上也磨炼得十分熟稔，但是她从来没有见过像邓文迪这样的新手，却又是一个十分强硬的新手，让她根本就不知道该如何拒绝。

而且邓文迪的执着与其他的电影制片人比起来，显得是那么的真诚，没有一般的套路的来来往往，只有一个电影制片新人，她在告诉李冰冰：我想让你拍我的电影，非常想，而且在我心目中非你不可，你愿意来吗？

这就是当时的邓文迪传达给李冰冰的所有印象。

而据说，李冰冰在见邓文迪第一面的时候就被邓文迪给征服了，她以前都只是在报纸上见过邓文迪，她本来以为邓文迪是那种特别女强人的类型，但没想到出现在她眼前的邓文迪是那么的漂亮，有气质，并且很开朗健谈。

事后李冰冰回忆起这段往事的时候，仍旧很激动，李冰冰说，从小到大还没有谁这样追过她，要是哪个男的这样对她的话她肯定立马就嫁了。

虽然有人说李冰冰能参演《雪花秘扇》是运气占大部分，但是从她这么多年的打拼来看，李冰冰绝对是一个很有实力，也很敬业的女演员。

李冰冰 2000 年因主演电视剧《少年包青天》而被观众所知，并主演电视剧《机灵小不懂》，凭电影《过年回家》获得第 13 届新加坡国际电影节最佳女主角奖。

2004 年李冰冰先后参演电影《独自等待》和《天下无贼》，凭借角色刘荣和艳贼小叶分别入围金鸡奖及百花奖女配角。2005 年主演电视剧《八大豪侠》。

2007 年凭借电影《云水谣》获第 12 届中国电影华表奖最佳女主角；次年获得第 29 届大众电影百花奖最佳女主角。

李冰冰生于黑龙江省哈尔滨市五常县（后于 1993 年撤县设市）。作为闭塞小县城普通工人家庭的长女，她从小就不是父母的掌上明珠。尽管父母喜欢文艺，妈妈能歌善舞，爸爸会拉二胡，李冰冰深受熏陶，却只因在哈尔滨市五常第一小学时学习不佳从未被家人认可。

1989 年初中（哈尔滨市五常第三中学）毕业，父母希望李冰冰上高中，再上大学便可以走出闭塞的县城。可她却认为那是遥不可及的事情，为了及早工作补贴家里，她坚持选择并考入了鸡西师范学校。

大学与小学中学的不同就在于，小学中学老师在意的只有成绩，而大学却是看学生全面发展的地方。原本学习成绩不佳的李冰冰 16 岁一个人离开家，在学校她因为擅长乐器，钢琴、手风琴都是李冰冰的强项，而且能歌善舞，绘画杂技也样样行，受到老师同学的肯定。

1992 年于黑龙江鸡西市师范学校（该校现并入黑龙江工业学院）毕业后，19 岁的李冰冰在哈尔滨市五常市实验小学当音乐教师。她在"鸡西春节晚会"上表演，被演员高强发现，强烈建议她去考电影学院。

只能说是金子迟早会发光的，李冰冰本来就长得好看，又多才多艺，从后面李冰冰在荧幕上的表现来看，她就是一个天生的演员。

李冰冰虽然没想过当演员，但为了父母的期待成为大学生，她下定决心。考前几个月拼命地复习高考文化课，终以超录取分数线 30 分的成绩考取了上海戏剧学院。

但是天有不测风云，收到自费录取通知书时，李冰冰的母亲突发心脏病，仅手术费就花去 3 万元。这让月收入不到 300 元的家一贫如洗，李冰冰想放弃，父亲急了，说："别的孩子想考还考不上，家里就是砸锅卖铁也要送你上大学。"

或许这就是邓文迪和李冰冰关系那么要好的原因，她们不仅有着相同的成长环境，在与家人的相处上也是那么的相似。同样小时候都不受

父母喜爱，但是最终她们的父母都是爱她们的，她们的父母也曾拼命想为她们实现梦想。

当李冰冰和邓文迪谈起她和她父亲的故事时，邓文迪也会回想起自己的父亲，回想起那个明明似乎从未对她流露过一丝关爱，却又打心底里爱着她的父亲。

"父爱如山"这句话是绝对的千古名言。对于李冰冰和邓文迪来说，父亲永远都会是她们心底一抹温暖的冬日艳阳。

20岁考入大学后，李冰冰在校期间自编自演的小品获得全国一等奖。她利用一切休息时间拍戏赚钱，以偿付母亲高额的医药费及其债务，成为家里的顶梁柱。李冰冰还要资助妹妹的学费和生活费，她一有时间就背着大包小包坐火车去探望妹妹。

李冰冰是一个家庭观念非常强的人，平日里经常晒出自己与家人的合照，和家人一起度假旅游。2004年，李冰冰还让自己的妹妹李雪正式接手了自己的经纪人工作。

2010年，李冰冰成立了自己的工作室，并作为出品人之一投资了《辛亥革命》。工作室除代理其在国内的演艺业务外，还尝试电影投资等多元经营。此后，李冰冰开始减产，对作品品质精益求精；就在那一年，邓文迪邀李冰冰出演好莱坞文艺片《雪花秘扇》女一号。在该片的纽约首映礼上，《生化危机5》导演保罗·安德森找上门来，邀请李冰冰出演女二号艾达·王。

李冰冰有着一张非常东方式的面孔，但是她却有着十分国际化的时尚感。对于西方人来说，李冰冰东方人陌生的脸会给他们一种新奇感，但是李冰冰国际化的扮相又会让他们觉得毫无陌生感。

就这样，李冰冰的好莱坞闯荡之路在邓文迪的引导下开战了。

虽然邓文迪辛辛苦苦经营了许久的《雪花秘扇》在票房上并不成功，但是其巨大的宣传力让邓文迪成功地向外输出了李冰冰这位华裔女性，让李冰冰的大名响彻好莱坞。从此，原本在国内征战的李冰冰，调转战场，开始了她在国外的新征程。

2012年，李冰冰因《雪花秘扇》受邀参加第84届奥斯卡金像奖红毯，白色美人鱼造型被评为当年奥斯卡红毯最佳造型之一；同年2月10日，主演的电影《我愿意（I Do）》上映；同年9月，李冰冰成为第一位进驻香港杜莎夫人蜡像馆的内地女明星，也是第一位在上海和香港同时拥有蜡像的内地女星。

而且，李冰冰也是一位非常爱国的明星，在她因为拍摄《生化危机5》大火，本应该积极四处宣传的时候，却因钓鱼岛事件缺席《生化危机5》的东京首映式。李冰冰表明立场，发生钓鱼岛事件就绝不去日本。

在爱国这一点上，邓文迪与李冰冰意见高度统一。邓文迪在美国的豪宅也是中西结合。当时的邓文迪作为默多克的妻子，经常能见到许多商界、政界的大人物，邓文迪也经常极力地向这些人讲中国的现状，劝说他们到中国来投资发展等。

在家里，邓文迪从小就教导她的两个女儿说中文，逢年过节也必会遵照中国的习俗，过年的时候包饺子，贴春联什么的一样都没落下。

并且，邓文迪家里的用人、保姆基本上都是中国人，那时候的邓文迪经常说，在她美国的家里，她的丈夫默多克好像才是真正的外国人。

邓文迪和李冰冰两人都还非常的热心公益。2008年5月，汶川大地震，李冰冰先捐出30万元，并号召自己代言的品牌伸出援手，前后筹集到200万箱医品和300万物资等，并建议将自己的代言发布会改为募捐，通过活动总计筹得近千万元。5月，五常受灾，李冰冰向家乡五常市民政局捐赠10万元。

同样的在汶川大地震后，邓文迪也立刻捐出了10万元，并在各个慈善晚会上号召，希望无论国内国外的机构还是个人都为受灾的难民捐款。

在两人关系好了以后，就经常会有人拿邓文迪和李冰冰两个人作比较。后来就有人对这个捐款的数额表示质疑，说邓文迪明明比李冰冰有钱，但是为什么邓文迪捐的却比李冰冰少呢？

对于这个问题其实并非邓文迪小器，只不过邓文迪是一位十分独立坚强的女性，她很少会用丈夫的钱进行捐款。虽然确实曾经也传出过邓文迪花 350 万的天价购买一座艺术品，然后做慈善捐款的事，但是那一次邓文迪是以她丈夫默多克的名义捐下的善款。

可能说出来，没有多少人相信，邓文迪这个豪门阔太自己确确实实是没有多少钱的。

近两年来，可谓李冰冰事业的顶峰时期。李冰冰不仅天资聪颖，自己也是非常努力。

2012 年，内地一线女演员都争着要去好莱坞试水，李冰冰也在《生化危机 5：惩罚》里饰演了一名叫艾达·王的女特工，每天举着那把 5 公斤重的银质造型枪练习 10 次，直至长出了肌肉。

可惜《生化危机》系列完全是属于女一号米拉·乔沃维奇的个人秀。于是，即使足足有 20 分钟的戏，李冰冰也像是枚热情的"酱油党"。在接受媒体采访时，她曾遗憾地感慨："动作戏没几场，枪戏也不过瘾。我觉得太少了，还能多打打。"

2014 年，《变形金刚 4》公布李冰冰加盟的消息。影片公映，166 分钟的电影里，李冰冰只有 10 分钟的戏份，但那个角色给予了她足够的展示空间。更奇怪的是，在各地的首映式上，李冰冰比女主角妮可拉·佩尔茨更抢戏。

问及拍摄《变 4》的心情，李冰冰说："你还是要敢于就专业性的东西，去跟导演展示自己，去提要求。你不能说我到了一个这么牛的超级大片里，我就乖乖的，跟提线木偶似的，那出来就真让人笑话了。"

两年的时间，从 20 分钟到 10 分钟，数字减少了，她却获得更多了，一如她如今的心态。而这一切，邓文迪都功不可没。

2017 年 1 月 4 日，李冰冰公开与男友的恋情，晒出海边亲密照，表示"一切都是最好的安排"。

提起姐弟恋，被网友称为"撩汉界的扛把子"的邓文迪显然为李冰冰做了亲身示范。与默多克离婚后的邓文迪显然过得十分潇洒，与默多克结婚时身边环绕着金钱与权力不同，现在的邓文迪身边都是诱人的荷尔蒙啊。

48 岁的邓文迪与小她 27 岁的匈牙利男模 Bertold Zahoran 相恋，时而海边悠闲散步，时而露台激情拥吻，真是看呆众人。邓文迪用自己的几次感情向世人亲证，在爱情的国度，没有年龄、种族和地位之分，离开了比她大 37 岁的默多克，转身就是更华丽的新生活。

为什么邓文迪的交往对象非富即贵，非帅即嫩？邓文迪的魅力何在？从上面的文字中我们能看到，邓文迪具有丰富多样的人生经历，具有一般人不具备的上进心，为自己规划的道路清晰明确，并付诸行动。

你可以说她是个有心机的女人，却不得不承认她也是个成功的女人。从一个不发达的小地方一步步走向国际舞台，通过自己的天赋、努力和幸运，牢牢把握住际遇，拓宽了人生的视野和道路，提升了人生品质和层次。

这一对姐妹花，都在年逾四十之后开始了她们感情的新征程。并且两人的男友都与自己相差不小，不知道是不是和邓文迪成为好友多年受到了影响呢？

不过虽然邓文迪和李冰冰都到了四十岁的年纪，但是不得不说两人的保养都做得非常的好。

李冰冰经常在微博上分享自己的美照，肌肤亮泽白皙，表情俏皮可爱，岁月那可是一点也没留下痕迹。说还似少女有点夸张，但怎么看也不像 40 多岁的人。可见，保养得当和良好的心态以及生活状态都是吸引鲜肉的必备因素。

李冰冰热爱生活，她常年坚持运动，尤其热衷于瑜伽。果然一切美好都是需要付出的。运动锻炼迷人身段的同时，能让人心胸开阔充满活力，保持年轻的秘诀就在此。

而邓文迪喜欢各种运动，尤其是篮球、网球和游泳，平常也都会在

家锻炼，后来做豪门阔太的时候在因弗内斯、亚喀巴和马斯喀特的住处选择的都是附近建有大型的运动中心的别墅。饮食选择健康有机食品，还有私人营养师提供定制食谱。

在狗仔队偷拍照片中的她，皮肤紧致身材健美，邓文迪的样貌虽然不符合中国传统审美的美女标准，但你必须承认，48 岁的她自信满满，状态极佳。

感情这件事，走不走得下去，跟年龄根本无关。

对于邓文迪和李冰冰来说，她们从来都没有放弃过爱情，两个人都是很浪漫很热情的女人。她们可以在爱情面前奋不顾身，也可以在事业处于巅峰时期结婚生子。尤其是邓文迪，婚姻失败后也可以勇敢地做单身妈妈，独自抚养两个女儿。

这也许就是如邓文迪和李冰冰这样的女人耀眼而吸引人的地方。

第三节　邓文迪与关颖珊

邓文迪向来是走到哪里都金光闪闪的人，她的好友也大多是名震一方的权贵或者上流社会的名媛，商界巨头甚至国家政要皆在她的好友名单之列。而且现在的邓文迪一举一动都在各界媒体的关注中了。她每一次和好友的聚会都会被媒体当作写作的素材大肆宣扬。

去年邓文迪与美国总统特朗普的大女儿伊万卡出去旅游，就被媒体铺天盖地地报道了好几天。邓文迪带着女儿乘坐俄国富豪阿布家的游艇出去散心也是赚足了话题。

甚至就因为邓文迪坐的阿布家的游艇出去旅游，而阿布又跟俄罗斯的总统普京是死党，一些人甚至把邓文迪和普京牵扯到了一起。现在的邓文迪除了"一个传奇的中国女人"的称号以外，"普京的中国绯闻女友"这个称呼也是时刻跟随着邓文迪，尽管邓文迪和普京都从未承认过此事。

不过如果是查邓文迪的资料的话，就会发现无论是在哪个地方看到的邓文迪的资料，关颖珊都是在邓文迪好友列表的首页。在许多的网站上都会写出"邓文迪好友关颖珊""关颖珊好友邓文迪"这样的资料。关颖珊甚至排在李冰冰的前列。

但是与伊万卡和李冰冰不同，邓文迪与关颖珊的交流似乎从来没有被八卦的记者们扒出来放在娱乐头条上过。在网上能查到的所有关于邓文迪和关颖珊两个名字串在一起的资料，不过就是当年美国总统在白宫宴请访美的胡锦涛主席时，邓文迪和关颖珊都在受邀的嘉宾名单之列。

2011年，关颖珊参加了美国总统奥巴马夫妇在白宫国宴厅为中国国家主席胡锦涛举行的欢迎宴会。就是在那场宴会中，邓文迪认识了这位美国的华裔女运动员关颖珊。两人一见如故，相互引为知己。

在美国白宫白种人和黑种人居多的宴会里，身材娇小、黄皮肤的亚洲人本就不多，更何况两人都还是代表美方的黄种人、中国人，看到对方自然会相知相惜。

他乡遇故知，让这两个独自在美国社会里挣扎的中国女人倍感亲切。

或许现在可以说关颖珊的知名度远没有邓文迪高，但是在当年邓文迪和关颖珊认识的时候，关颖珊的地位可比邓文迪高了不知道几个档次。

2006 年 11 月 9 日，关颖珊被美国国务卿康多莉扎·莱丝任命为公共外交大使。关颖珊将代表着美国的价值，尤其是对于年轻人与热爱运动的人。

2007 年 1 月 17 日至 25 日，关颖珊第一次作为公共外交大使，前往中国访问，包括北京、广州及香港等地。

在当年的美国，关颖珊的人气和知名度绝对远远高于邓文迪。甚至是现在我们都不能说关颖珊的名气没有邓文迪高，毕竟关颖珊和邓文迪出名的方式不同。虽然现在的邓文迪是话题女王，但说实话，很难保证邓文迪的热度能持续多久，就算邓文迪真的一直保持这样的话题度到她去世，在邓文迪去世以后人们又还能记得她几年呢？

而关颖珊不同，她是实打实的运动明星，在花样滑冰那个世界中，说她是前无古人的运动员绝对不夸张，这样伟大的运动员，就算是在她死后，只要人们提起花样滑冰，就一定会想到关颖珊。

关颖珊是 20 世纪 90 年代花样滑冰的代表人物，运动生涯赢得了空前绝后的 43 座冠军，包括 5 个世锦赛女子单人滑桂冠，9 次全美冠军，还获得冬奥会 1 银 1 铜两枚奖牌。2012 年关颖珊先后入选美国花滑名人堂和世界花滑名人堂。

如果不是那次宴会，邓文迪与关颖珊本该是两条遥遥相望的平行线，永远没有交汇的可能。这两个女人在寻常人眼中可以说基本上就是两个极端，根本就无法与之比肩。

但命运就是如此神奇，它让很多不该相遇的相遇，也让不该分离的分离，它打乱世间的一切秩序，给世界重新排序。但也正因如此，这世界才会如此有趣。

虽然这两个人看起来风马牛不相及，生活圈子也少有重合，但事实上邓文迪与关颖珊确确实实是至交好友，只不过在邓文迪与关颖珊的交往中，两个人都十分的低调。

可以说关颖珊是邓文迪交友圈子里最低调，同时也是最具正能量的好友。甚至于邓文迪常常会自愧不如。

多年来，关颖珊不仅是美国最受欢迎的花样滑冰选手，也是美国最受欢迎的女运动员之一，始终在这种调查中排前十位，而且通常也是唯一的花样滑冰运动员，即使在她已经停止参加比赛之后依旧人气不减。在这几十年之间，她积累了许多数百万美元的广告代言，演出许多电视节目，并受到媒体广泛的报道。

虽然现在的关颖珊荣耀加身，但这位传奇女性从小的经历还是十分传奇的。

20 世纪 70 年代，香港还是英属殖民地，经济与社会远不如现在这么发达。一对香港夫妇坐上一艘船，这艘船从香港出发，跨过大洋，来到了那时人们眼中的天堂——美利坚合众国。

这对夫妇就是关颖珊的父母。关颖珊出生在美国加州洛杉矶县的托伦斯（Torrance），是父亲关惠棠与母亲关刘淑仪的第三个子女，他们是从香港移民到美国的。

关颖珊的父母来到了加利福尼亚后，就在此定居。那时的华裔在美国社会远不像今天这样受到重视。他们没有文凭，只能做工人，收入微薄。这对夫妇虽然没有很高的社会地位，没有进过美国高等的学府，但是他们教育自己的女儿：去做你想做的，爸爸妈妈永远支持你。

5 岁时，关颖珊开始练习花样滑冰。她每天凌晨 3 点起床去冰场训练，练习 3 到 4 小时，然后去上学，放学后又要回到冰场。滑冰的训练费用非常高昂，对于工人阶级的他们来说，这是一笔不小的开销，这对朴实又坚韧的亚洲父母不得不打多份工来支持女儿的梦想。

最后，一家人决定卖掉房子，但是仍然不够滑冰费用的支出。在关颖珊 10 岁时，关家已无力再聘请教练。不过他们得到洛杉矶花样滑冰俱乐部在财务上的帮助，并允许关颖珊在加利福尼亚州箭头湖的冰之城堡国际训练中心进行练习。

11 岁时，关颖珊在美国花样滑冰锦标赛青少年组中夺得第 9 名，那

时的她并不出众。但是到了 1995 年，关颖珊的风格开始逐渐成熟。1996
年，关颖珊同时获得美国花样滑冰对抗赛与世标赛的冠军。

　　不仅是关颖珊的运动生涯令人惊叹仰望，她之所以能被列为传奇女
性，就是因为关颖珊不仅在运动方面发光发热，她还有一个深邃的灵魂。

　　如果你认为她只局限于成为一个优秀的运动员，那就错了。在她的
运动生涯取得圆满成功时，关颖珊也没有忘记学业，并且在一所美国名
校取得了傲人的学位。

　　2006 年秋天，关颖珊转学到科罗拉多州的丹佛大学，主修政治学，
副修则是国际关系，并于 2009 年 6 月毕业。然后，2010 年她选择在塔
夫茨大学弗莱彻法学和外交学院继续她的研究生学业，攻读硕士，研究
主题为美国和亚太地区的外交政策。

　　关颖珊让人敬佩的地方就在于她那一颗永远向上而进取的心，拥有
这样完美人格的女孩，会吸引到邓文迪这样同样爱拼搏的女性是理所当
然的。

　　在邓文迪与其他人的交往中，或许有很多人是为了她传媒大亨的妻
子这样的身份才来巴结她，但是，在邓文迪与关颖珊的交往中，却是邓
文迪主动去认识这样一个没有背景，也不会对她丈夫的生意有任何助益

的关颖珊。

关颖珊的人格魅力可见一斑。

伊万卡说，邓文迪可以激励她。而对于邓文迪来说，能激励她的却是关颖珊。

这或许就是这些独在异国他乡的中国女人的拼劲儿，虽然邓文迪和关颖珊看起来是如此的不同，当关颖珊在美利坚掀起一阵狂潮的时候，邓文迪还只是一个在中国名不见经传的学生。

但其实这两个女人骨子里有太多的相似。这些相似让这两个同样挣扎在美国上流社会的女人一见如故，成为莫逆之交。

邓文迪与关颖珊在政治上结缘，在关颖珊作为美国对外交流大使与中国地区不断地进行文化交流的时候，邓文迪也正作为默多克的妻子为默多克开拓中国的市场。

一开始两人只是少有的有一些工作上的交往，但是越交往两个人越发现，她们之间有那么多的共同之处。本来在外国的东方面孔就容易聚在一起，他们会生出一种惺惺相惜之感。更何况邓文迪和关颖珊还都是那么优秀的女人。她们在美国社会都有着崇高的身份地位以及共同的兴趣爱好，比如热爱运动，自立自强等。

或许是关颖珊在一定程度上代表着美国政府的对外交流，而邓文迪作为传媒大亨默多克的妻子，所以两个人并未在公开场合有过于亲密的来往，毕竟这样很容易让人产生一种官商勾结的感觉。

但是这两个女人对对方的欣赏一点也没有减少。

2012 年 9 月 12 日，关颖珊正式宣布与美国白宫国家安全部门战略规划负责人，美国海岸防卫队上尉克莱·佩尔订婚。

据说这个消息关颖珊第一个亲自告诉的就是邓文迪。

2013 年 1 月 19 日，关颖珊与克莱·佩尔在罗德岛州首府普罗维登斯的一座教堂结婚。

关颖珊的老公佩尔，是白宫国家安全事务战略规划负责人。出身名

第六章　她和他们：朋友抑或垫脚石？

门，爷爷是前罗德岛参议员克莱本·佩尔。据报道，佩尔当年以高分毕业于哈佛大学社会学和阿拉伯语专业，还是乔治城大学的法学博士，并且会说流利的中文、西班牙语和阿拉伯语，对中国和阿根廷的法律很有研究。

在关颖珊结婚时，邓文迪也低调送出了祝福。

不过关颖珊出身社会底层，所有的成就都是凭借自己努力得来的。她是个标准的行动派，在采访中多次表示，体育教会她更好的品质。克莱·佩尔是个衣食无忧的蜜糖孩子。两人的出身背景注定了两人价值观的偏差。

2017 年 3 月 31 日，关颖珊的丈夫克莱·佩尔（Clay Pell）向法庭提交了离婚申请。两人 4 年的婚姻宣告终结。

根据法院文件，佩尔提出离婚的理由是"无法弥合的分歧"。这与默多克与邓文迪离婚时提出的"关系已经破裂且无可挽救"是那么的相似。

佩尔在《普罗维登斯日报》发表声明称："我很遗憾地宣布，我和关颖珊的婚姻走到了尽头。将这一消息告诉我们的家人是很艰难的事。我爱关颖珊，希望她未来有更好的生活。"

不过据说关颖珊的丈夫之所以要与她离婚，是因为关颖珊从小作为滑冰运动员与冰面打交道，这导致了关颖珊不孕不育。而关颖珊的丈夫却想要一个孩子，两人因为这事时常发生分歧，最后无奈走向离婚。

这或许就是中国女人在美国经历的美国式的婚姻，虽然这些中国女人都在美国生活了多年，她们自以为已经将美国的文化融会贯通，能够与美国人幸福地生活，比如关颖珊和邓文迪。

但事实上，跨国婚姻要承受的巨大的文化差异是非同凡响的。在这一类的婚姻里，两个人常常是因为爱情而结婚，但是他们分手却是因为各种各样的现实因素，或许他们都还与对方怀有爱情，但是他们却又不得不分手。

关颖珊在婚姻里承受的悲恸，邓文迪几乎可以感同身受。在关颖珊刚刚离婚的那段时间里，她十分的低调，有人说她出去旅游了，在某个风景优美的地方散心。但也有人说关颖珊是去了邓文迪家，和这位她低调交往了许久的闺蜜倾诉自己的心路历程。

关颖珊之所以吸引了邓文迪的注意，除了她将音乐与滑冰完美结合的天赋之外，最重要的还是她迷人的笑容，以及永远乐观和积极的生活态度，对邓文迪有极为正面的鼓舞作用。

而在关颖珊离婚之后，一度萎靡不振，那鼓励过邓文迪的自信的笑容也几乎消失。在那期间，邓文迪不断地鼓励关颖珊，希望她走出婚姻的阴影。在关颖珊最困难的时候，这两个女人相互扶持，相互打气。

关颖珊经过多年打拼，拥有 1600 万美元（约 1.2 亿港币）身家。虽然这点身家连现在离婚后回归单身的邓文迪都不一定看得上，可以说，关颖珊是邓文迪非富即贵的社交圈子里最"贫穷"的一位。而且关颖珊从来不参加那些上流社会的时尚 party。关颖珊是有自己事业的女性，她并没有那么多的时间在一群女人的宴会上流连穿梭。

但是我却认为邓文迪与关颖珊的友谊才是最真挚的，因为无论邓文迪与伊万卡还是与李冰冰，甚至时尚女魔头安娜·温图她们的交往，因为这些女人都是有身份、有地位的，邓文迪可以从她们身上得到很多的东西，拿到很多的资源，所以哪怕她们的交往再密切，总会给人一种很商业化的感觉。

而关颖珊不同，虽然关颖珊也有自己在政治方面的事业，但是隔行如隔山，关颖珊只是美国一个有名无实，没有多大权力的形象代表，她在事业上给不了邓文迪多大的帮助。

而邓文迪仍旧与她保持了十数年的友谊。这至少说明了在她们的感情交往中没有任何的利益关系，这是一段真诚纯正的友谊。

一路走到邓文迪如今的位置，这样真挚的友谊着实来之不易。这叫她如何能不好好珍惜，如何能不细心呵护？说这段友情是邓文迪人生最珍贵的感情又何尝有过呢？

第七章 一个女人的生活方式之谜

第一节 爱情，有若佛家的禅

一、说多了都是错

不可否认，邓文迪现在的身份地位不低，知名度也很高，但是人们对邓文迪的了解更多的还是来源于她的情感史。

在邓文迪的感情史里，她两次摘掉小三的帽子两次恢复单身，无数的男人为了她那一张并不漂亮的脸蛋拜倒在她的石榴裙下。不可谓不是一个传奇。

在邓文迪与默多克结婚后，她作为一个嫁入豪门的年轻中国姑娘站在世人眼前，人们对邓文迪褒贬不一，议论纷纷。对于别人的评论，邓文迪从来都视若无睹。

有人说这是因为邓文迪内心强大，也有人说那是因为邓文迪胸中怀着对默多克的爱。所以当这些流言蜚语像尖刀一样朝着邓文迪刺过来的时候，她也可以怀着对丈夫孩子的爱坦然接受。

曾经有过很多关于邓文迪夫妇的报道，单独采访邓文迪的也不少，比如《芭莎》的女主编苏芒，央视的《对话》栏目，甚至张朝阳都单独地对邓文迪进行过采访。

当问起邓文迪的婚后生活时，人们都提到了邓文迪由一个贫穷女孩到豪门阔太的转变，会问她对自己现在的豪门生活有什么感受，而邓文迪对这类问题的回应只是三个字，"过得去"。反而在访谈中不断地提到她的丈夫在生活中、工作中给她的帮助和引导，提到她和她丈夫带孩子去哪里旅游，他们平时点滴而琐碎的生活等。

巨人之路

谜一样的女人：邓文迪传

198

从这一点我们可以轻易地看出邓文迪在与默多克的那一段婚姻中，她在乎的并不是物质，而是默多克带给她的爱情以及他们一家四口普普通通的日常生活。

邓文迪曾说，当年默多克向邓文迪求婚的时候，邓文迪已经在星空卫视升至经理，她并不舍得放弃自己多年打拼的事业，嫁给默多克，安心在家相夫教子。

但是默多克不惜付17亿美元的分手费，也要与前妻安娜离婚，为的就是要迎娶邓文迪。这一点深深地打动了邓文迪，所以她放弃了自己苦心经营了多年的事业，毅然决然地和这位与她年龄相差了30多岁的丈夫步入婚姻的殿堂。他们不顾世人的眼光，生活得开心而幸福。

但毕竟年龄差异太大，邓文迪作为一个年轻女人与已过耄耋之年的默多克的婚姻难以维持其实也是情有可原的。他们两个人毕竟无论从文化差异还是家庭背景，甚至是身份地位都相去甚远。一开始或许可以为了爱情走到一起，但是当时光磨去了他们的激情，两个人的婚姻注定走向破灭。

就像关颖珊和她的丈夫佩尔，曾经关颖珊的父母也想过让关颖珊找一个事业有成的美籍华人嫁了，认为中国人和中国人更适合过日子。但

是关颖珊拒绝了父母的建议，毅然决然地和佩尔步入了婚姻的殿堂。

一开始所有人都认为他们是天造地设的一对，认为他们必定会天长地久。但是现实给了他们刚刚筑起的爱情小窝狠狠一击，或许这就是中国人和外国人的婚姻，虽然也有人在这样的跨国婚姻里走得稳稳当当，坚如磐石。但是对于大部分异国恋来说，他们要经历的风雨磨难无疑是巨大的。

邓文迪作为一个女人，一个在西方留学、生活超过了 20 年的东方女人，她的感情观早已与传统的中国女人不一样。

在《中国式相亲》的舞台上也有一位超过 40 岁的女性登台，这位女嘉宾长得特别漂亮，一登台就吸引了所有人的目光。她自我介绍的时候表示自己会做饭，"出得厅堂进得厨房"，让在场的妈妈们都非常满意，而男生则都在屏幕后争相说：不许跟他抢。

而当这位女嘉宾提到：她 25 岁嫁入豪门，35 岁带着孩子净身出户，而自己今年已经 40 岁的时候，刚刚还喜笑颜开，跃跃欲试的男嘉宾们还有妈妈们都迅速地沉默，气氛尴尬得都要滴出水来。

因为女嘉宾的年龄和经历，家长们迅速转晴为阴。有说女嘉宾年龄大了，不能生孩子的，也有说她经历不好的。

现在的电视中有越来越多的相亲节目，并且观看的人流量越来越大。相亲节目中的择偶标准一定要女嘉宾自己能够独立生活，有一定的经济条件，长得也不难看，要听话，要有稳定的工作，还要会做家务，还要会生孩子，外貌还要是男嘉宾个人喜爱的类型。

这样的女嘉宾，如果还存在的话，她愁嫁不出去吗？为什么还要上这一类的相亲节目？

其实如果邓文迪上了这样的相亲节目，她一定是第一轮就被淘汰的，但是事实上邓文迪在自己的感情路上走得一帆风顺。

中国人总是认为年纪大的女性就应该过着主流想要的生活，爱情都是年轻人的专利。对于邓文迪来说，她不是情感的奴隶，没有那种"一

谜一样的女人：邓文迪

生一世一双人"的奢求。在这个 70 亿人口的世界里，一生一世，实在太过难了，对于她来说，及时行乐才是不负此生。

甚至包括当年的杰克·切瑞与后来的托尼·布莱尔。与他们的感情对于邓文迪来说都是一段禁忌之恋，邓文迪都为此付出过代价。邓文迪或许会后悔她因为感情而做出的冲动的决定，但是她绝对不会后悔产生了这样的感情。

人会因为爱情犯错，但是爱情是没有错的。

甚至在邓文迪离婚后，她与那位比她小 27 岁的匈牙利男模的恋情一定也是极其认真的，所以他们可以不顾世俗的眼光一起出游玩闹。

都说爱情有如佛家的禅，不可说，不可说，说多了便是错。

一辈子只有一段爱情的女人会被世人赞美，但是一辈子拥有多段爱情的人却会被世人诟病。

邓文迪的感情也正是如此，她不是一个会禁锢自己情感的人。当感情来了，邓文迪一定会选择遵从，而不是把它压抑下去，无论在什么样的情况下。

但当爱情要走时，她也不会死皮赖脸地去挽留，如果一段爱情注定要走向毁灭，与其歇斯底里地去补救，倒不如给自己留些体面。

有人说邓文迪的情商很高，因为她总是可以和那个地方的社交名媛打成一片。甚至在嫁给默多克以后迅速打入他的社交圈子里，但是在爱情方面邓文迪的情商其实低得可怕。

如果她的情商再高一点，她就会知道当年她与杰克·切瑞的感情是绝对不容许的，她会背负千千万万的骂名，只因为与她相爱的那个男人已经结婚了。所以他们的爱不被世俗允许。

但是，邓文迪依旧不顾一切地开始了她的爱情。而且感情这种事一个巴掌拍不响，不仅邓文迪控制不住她自己的感情，连那些与邓文迪在一起的男人也控制不住，杰克·切瑞、默多克都不顾他们自己原有的妻子，"糊里糊涂"地与邓文迪走到了一起。

这些与邓文迪在一起的男人，除了杰克·切瑞，大多是一方权贵，有钱有势，他们同样不管不顾地选择了邓文迪。这不仅说明了邓文迪的魅力，更道出外国社会的一个现象，那就是情感之上，为了感情不顾一切。

有人说西方社会离婚率高，出轨率高，事实上也确实如此。西方社会高达 50% 的离婚率可不是说着玩儿的。但是为什么国外的离婚率会那么的高呢？

因为西方人都是很自我的，他们总是不愿意委屈自己，总是高喊着"人权至上"，就因为"人权"这两个字，他们有一万个理由可以想干什么就干什么，甚至是杀人，也可以说是因为他侮辱了我的人权。

在中国有很多文学家写诗写、散文，尤其是一些田园诗派，总是高喊着放下执着，随心就好。

随心而至，总是说得简单，真正要做到追随本心实在太难。尤其是对于中国人来说，心里面装载的东西太多，想要追求的东西太多，想要得到的东西也太多，叫他们放下，简直比登天还难。

外国人总是很享受物质生活，他们有一块钱就会用掉九毛。完全没有存钱这个概念，对他们来说享受才是最重要的，生活的本质就是为了生活，没有必要让自己受那么多的苦。

而东方人却总是很会压榨自己，他们宁可存 60 年的钱去买房子住一天也不愿意提前买房子，住 60 年还 60 年的贷款。东方人将此称为骨气。

或许正是因为外国人缺少这样的骨气。当他们在经历爱情的时候，他们也会少了一些毅力。外国人只会在乎在爱情的世界里他们得到的和享受的，当这种感情不能让他们感到享受的时候，他们就会选择结束，然后重新开始另一段新的感情。

作为中国人，我们不能去批判外国人的感情观和世界观。东西方的文化就是不同的，他们对待爱情的态度不同也无可厚非。

对于"小三"，中国人总是很厌恶，当年什么"硫酸泼小三""当街扯小三衣服"的新闻，屡见不鲜。国外的人也会出轨，但是当正室遇到

谜一样的女人：邓文迪传

"小三"的时候，态度却要平和很多。她们没有歇斯底里地谩骂与厮打。对于她们来说不过就是一段感情的结束。结束了这段感情可能一开始心里会有不舍，有隐隐作痛，但是在国外绝对不会有那种因为分手就去跳楼的人。

对于东西方文化的差异，东方人和西方人都深深地知道。所以一般来说东方人是不会苛责西方人的婚内出轨的，西方人也认定了东方人就是情感坚定的。

邓文迪作为一个中国女人，确实在国外的那些年完全地融入到了西方社会里，甚至连这股爱情观都修习得一模一样。

但是这样高超的学习能力也未必是一件好事。

明明邓文迪是在努力地融入生存的环境，但是事实上对于东方人来说，邓文迪已经与传统的东方女性大不相同，甚至是天壤之别。邓文迪没有了东方女性对爱情的那种至死不渝的执着，反倒是如西方女性一般及时行乐，这一点东方女性是不能接受的。

而对于西方女性来说，她们认为东方女人就该性格坚定，对男人也该是一心一意、温文尔雅。宛如空谷幽兰，自带芬芳，哪怕位于深山，世人不识，也该有一派自然的淡定。但邓文迪却全然不是这个样子，她甚至比一般的西方女性更为激进，更倔强地在男人的名利场上挣扎着战斗着。

或许邓文迪作为一个东方女人，最无奈的就是还拥有了外国人的婚姻观和爱情观，所以中国人不理解她，西方人也不理解。

邓文迪的爱情真是应了那句话，有如佛家的禅，说多了都是错。

二、传奇女人的中国心

邓文迪的前夫默多克是一个很执着的人，20 多年前的默多克事业虽然已经蒸蒸日上，但是和现在的商业帝国还有一段距离。当时正是雄心万丈的默多克路过美国一处房产时，一眼就相中了一套房子，大为心动。住在那套房子里，可以将美国纽约整个中央公园尽收眼底。当时默多克就四处打听想要买下那套房子。

不过可惜的是默多克得知那套房子是洛克菲勒家族第一代的房子。当时洛克菲勒家族的后代还居住在那套房子里，而且当时他们并没有想要售卖这套房子的打算。

默多克想要住进那套房子的梦想就此破灭。不过默多克是一个很坚持的人。这么多年以来，他一直都盯着那套房子的动向，他想着只要那套房子的主人有了想要售卖的意思，他就一定要把它买下来。

这样一等就是二十多年过去了。在邓文迪与默多克结婚以后，默多克才终于等到了房子的主人想要出售的信息。当时的默多克激动不已，立刻就以房主的出价 4000 多万美元购买下了那套房子，甚至完全没有想过要讨价还价。

那时候邓文迪还劝过默多克说："你完全可以等一下，如果说没有其他人购买这套房子的话，也许价格会降下来。"毕竟在刚嫁入豪门的邓文迪看来，4000 多万美元买一套房子实在是划不来。

不过默多克特别豪爽地大袖一挥，说不，他就要用最高的价格买下这套房子。

这位传媒帝国执掌者的毅力确实非同一般。

不过默多克应该怎么也没有想到，当他千辛万苦才买下了洛克菲勒家族的这套房子以后，女主人邓文迪却没有那么快入住进去的打算。原本洛克菲勒家族的房子是十分富有古典的欧洲气息的。但想着自己刚娶了一位中国太太，默多克就试着询问邓文迪是否要对房子重新进行装修。而这一装修三年就过去了。

三年过后，这套位于美国纽约中心的豪宅抹去了它原本纯正的古典欧洲气息，变得中西结合。与其说是中西结合，倒不如说中国气息还要更浓郁一些。邓文迪在他们的家里挂上了很多的中国画，设计也是中西

合璧。邓文迪想让她的孩子从小接受中国元素的感染和熏陶。在女儿的房间里也挂满了中文卡片，方便女儿随时接触中文。

默多克在外甚至经常说，他家里的布置是中国风的，他的妻子是中国的，他的女儿是中澳混血的，甚至家里的保姆都是中国的，他觉得在他位于美国纽约中心的家里，他才是一个真正的外国人。

由此就可以看出，无论邓文迪身在何方，这位传奇女人的中国心是永不可磨灭的。

不仅是在房子的装修上，邓文迪在很多重要的场合也都是穿着具有民族特色的旗袍或者说有中国元素的服饰，她高挑的身材刚好能让旗袍的优雅尽显无疑。

当有人问起她的祖国时，邓文迪总是赞不绝口。布什、布莱尔这样有身份、有地位的人问起她这个问题时，邓文迪也总是会告诉他们："那就去看看吧。"邓文迪作为东西方的桥梁，带了许多国外事业有成的人到中国来感受中国的文化。

邓文迪会教导她的女儿必须会说一口流利的汉语，邓文迪告诉她的女儿，汉语是世界上最精妙但是又最难学的语言。她不希望她的女儿等长大了以后才去学习这一门最难的语言。

甚至在教育孩子方面，邓文迪依旧保持了中国"虎妈"的习惯。邓文迪会权衡中西方教育模式的利弊，她会要求她的女儿必须好好学习，但是又会适度地给女儿以鼓励。

每年暑假她都会带她的两个女儿到北京参加夏令营，学习中国的武术和其他的中国文化，让他们来感受中国人民的生活。在家的时候，邓文迪也经常会给家人做中餐。他们最经常做的就是饺子。一家人围在一起其乐融融地包饺子是他们最大的乐趣。

邓文迪祖籍是广东，广东人骨子里的守旧性是十分浓烈的，哪怕邓文迪身处美国，但是所有的中国节日到来时，邓文迪都会按照中国最原汁原味的习俗和家人共度佳节。

春节他们会包饺子，贴春联，给孩子发红包，给周围的人送祝福语。中秋的时候邓文迪一家人也会吃月饼，端午节会吃粽子，清明节邓文迪也会回家乡祭祖。而且关于节日的食物大部分都是邓文迪一家人亲手做的。每逢佳节，邓文迪与家人总是会聚在一起。而且邓文迪还经常把她远在中国的父母接到美国来和他们一起过节。

很多与中国有关的活动邓文迪都会积极地响应，主动参与。不是因为名利，就只是因为她骨子里有着这样一股爱国的精神，她时刻都铭记着她是一个中国人。

2008年的明星慈善夜，邓文迪虽然没有来，但是她派代表用350万元的天价拍下了一幅油画，并将善款全部捐出。

2009年4月21日，邓文迪与默多克一起见证了演员休·杰克曼在好莱坞格劳曼中国剧场的水泥地，按下了自己的手印和脚印。

此类的活动还有很多很多。

在全球各地种族歧视、种族矛盾的问题在不同程度上仍旧广泛存在，尤其是在美国这样一个大熔炉里。黑人枪击白人、白人枪击黑人的故事每天都在发生。

邓文迪作为黄色皮肤的中国人，在美国打拼那么多年，也免不了会受到歧视，但是无论邓文迪走到哪里，她都会强调她是一个中国人，来自中国，并深深为自己是一个中国人而感到自豪。

其实邓文迪已经拿到了美国绿卡，是一个美籍华人，换句话说，她现在真正的身份是一个美国人。但是邓文迪没有忘记自己在中国的经历，

她永远记得她是一个在中国长大的姑娘，她是一个中国人。

其实不只是邓文迪，有很多在海外的华人，哪怕他们自己现在并不在中国，他们也会时时刻刻从新闻媒体上关注着中国的动态。当中国的主权和尊严受到伤害的时候，这些远在海外的华人都会第一时间站出来为中国进行声援。

其实，爱国是人类社会弘扬出来的一种最令人团结奋进的精神。在华夏神州大地的中国人民更是将这种精神发挥到了极致。

无论邓文迪走到哪里，嫁给谁，和哪个国家的人又谈恋爱了，她永远都会记得她是一个中国人。

随着中西方不断地交融，中国确实在不断地发展，西方对中国文化渗透的脚步也没有停下。很多新一代的年轻人明明不信教，还每年坚持不懈地过圣诞节，可过年的时候，他们却从来不在自己家人的身边。

或许邓文迪现在的那些爱国的举动并不能算是多么伟大的事情，邓文迪也经常说她只是做了自己该做的事，但是跟一些数典忘祖的年轻人比起来，如果你还有空余的精力去指责邓文迪的爱情经历，那么为什么不调转你们的矛头去为这些抛弃中国传统文化的人，重新树立一下正确的是非观呢？

此生无悔入华夏，大家的爱国心情都是一样的，民族感情也是统一的。

第二节 事业，心有猛虎，追逐不平凡

一、努力的，向上的

无论在中国还是在美国，邓文迪都是一个备受争议的人物，两次介入他人婚姻，让她常被形容成一个充满"欲望"和"野心"的女人，为了达到目的可以不择一切手段。

西方很多媒体甚至形容邓文迪是洪水猛兽，认为只要是被她搭上的男人都没有好下场。

不过无论他们如何对邓文迪的事情加以描述，最后他们都会加上一句：邓文迪，这个东方女人是努力的，向上的。

20 年前，邓文迪还生活在中国一个并不发达的城市里。毕生梦想，不过就是当一名医生，然后孝敬父母，相夫教子。

如果邓文迪不是心里住了一只猛虎，有着一颗追逐不平凡的心，那么现在邓文迪应该已经梦想成真了，她只是中国千千万万妇女中的一个，没有任何出彩的地方，人们也不会知道这个名叫邓文迪的女人。

人可以没有能力，但不能没有志气。没有能力的人，是蜗牛，或许他一步一步走得很慢，但只要他坚持，他依然可以爬到顶点。但是如果一个人没有志气，那么他根本不会有想要前进的欲望，不前进，就只有一辈子裹足不前。

但不能否认的是，从去美国加州大学求学，直至成为著名的常春藤大学耶鲁大学 MBA，再到成功进入星空卫视工作，邓文迪的履历表上的每一个经历，即便是没有嫁给默多克，也足以令她骄傲。

即便邓文迪现在要和默多克分开了，但他们的婚姻持续了 14 年，实在已经不短了，对默多克来说，这肯定不是一段可以忽略不计的关系。而对邓文迪来说，在已出任过 MySpace 中国董事、新闻集团亚洲卫星电视业务的副主席等职务并尝试了拍摄电影之后，离婚可能更是一个新的开始。

毕竟，以邓文迪的性格，她注定不可能只是一个"虎妻"或者"虎妈"。

邓文迪的努力是刻在骨子里的，小时候的经历或许是一个方面，因为家人对她的不管不顾，所以邓文迪会更加渴望成功，会渴望得到别人的关注。

不仅是家庭，在学校里，中国的教育向来都是只有成绩好的才是好孩子，所以邓文迪不得不拼命地学习。在中国，一个老师要带几十个学

谜一样的女人：邓文迪传

生，根本不可能顾及每一个学生。家里，邓文迪家有四个孩子，爸爸妈妈分给她的关爱很少很少。所以小小的邓文迪就已经知道她需要自己努力。在这个世界上，除了自己努力，没有任何办法可以变得强大。

除开生活所迫，其实邓文迪本身是一个非常阳光向上的人，邓文迪热爱运动，尤其是排球，曾经还当过学校排球队的主力，对于这种爱运动的人来说，他们天生就是积极乐观的，他们知道进取远比防守有用。

"从邓文迪身上寻觅一个更坚定的出走隐喻，即使结局并不完满，她确实努力与她想要的世界融合过。"李多钰这样评价邓文迪。

在电影《中国合伙人》里有一位主人公孟晓骏，他英语很好，曾经怀着对国外最大的憧憬，带着自己的女朋友去到了国外。可是到了国外之后，他却发现外国的生活并不如他想象的美好。他原以为还可以在国外大展拳脚，实现那胸中无限的抱负。可是事实上他在国外过得贫困潦倒，他的女朋友为了帮他甚至还要去做一些很辛苦的工作。

后来孟晓俊回到了中国以后，他以前的好友来欢迎他，大家都认为他在美国混得风生水起，但是其实上他在美国只是一个小人物，他见到的不是美国的高楼大厦、纸醉金迷，而是美国社会最残酷的现实。

在那个年代，许多中国人的美国梦也都是这样，他们对大洋彼岸的那一块土地蜂拥而至，怀着自己最大的雄心壮志奔赴了这个异国他乡的战场。但是等他们真正踏上美国的国土，他们就会发现这里不再是他们熟悉的故乡，这里的人和他们语言不通、相貌不同、文化相异、性格相反。正如同他们心里面对外国人的排斥，外国人对他们也并不接待，他们成了美国社会里所有人都不喜欢却又赶不走的存在。

这或许就是那一代中国人的美国梦最真实的写照。

而邓文迪却活得完全不一样。同样在美国，邓文迪也怀疑过自己，也曾经活得很辛苦，但她终究是努力的、拼搏的，并且在学业上取得了巨大的成就。凭借着耶鲁大学 MBA 这一块厚实的敲门砖，邓文迪开始了她在工作中一路的顺风顺水。

不仅学业有成，工作顺利，甚至在爱情上邓文迪也收获颇丰，不仅仅是数量，更在于质量。

感情，向来没有绝对的获胜方，邓文迪也是一样。在她的感情里不可能单纯地只是得到，或许邓文迪失去的也不少，但是在她现在的生活中，这一城一池的得失又有多重要呢？

或许邓文迪确实是把爱情当作利器在前进，但是也不是每一个人发出了爱情，这把利器就能够一帆风顺，所向披靡。

关于邓文迪的评价向来是泾渭分明的两种。要么，认为她的人格十分的不堪，值得所有人诟病；要么，就觉得她是新一代的"励志姐"，可以从自己原本贫苦的生活，走到如今让人仰望的地位，并且交的每一位男朋友都是极具社会地位的人。

但是不管怎么说，我们都必须承认邓文迪这个人是成功的。而一个成功的人骨子里一定是努力的、向上的。

人如果能清楚地懂得自己要什么，知道怎么通过努力去获得自己想要的生活，条理清晰地规划自己的人生，把自己活成独立坚强又不失性格特征的人当然是人杰。

成功的人一定吃了常人不曾吃过的苦，受过常人不曾受过的罪；所

以靠辛苦努力获得成功，得到了自己想要的生活一般很容易让别人心服口服。

这位"励志姐"邓文迪就有这样一位铁杆小迷妹，她的名字叫做伊万卡·特朗普。

"我的密友 Wendi 总是激励我努力工作，过好自己，保持微笑。她是个了不起的女人，她一路走来的故事真的超级励志。"能让美国总统的女儿对邓文迪发出这样的感叹，邓文迪不可谓不强大。

在邓文迪与伊万卡的闺蜜情曝光以后，不少人去扒邓文迪的朋友圈，人们惊讶地发现，邓文迪不仅在对异性的吸引力方面开了挂，在交朋友上，一点也不输给她的爱情史。

邓文迪让人惊奇之处，绝不仅仅是凭小三上位，当豪门太太炫耀衣服包包，而是无限铺开的一颗野心。

邓文迪刚离婚的时候好多人暗自嘲讽她，觉得邓文迪终于被抛弃了，但围观下来居然不是那么回事。现实生活中有多少女人离开了普通老公都不能活，邓文迪被豪门甩也照样活得潇洒自在，随时随地给观众扔出这句话：你们以为我完了？我还早着呢！

二、女性智慧

在乐途网上有一篇名叫《一笑而知邓文迪》的文章。文章是一位匿名作者写的。这位作者应该是一位记者，他在文中记录下了他与邓文迪的一次亲密接触。

2012 年 4 月，北京有一个国际电影节。许多的国际名人和知名电影人都来出席红毯和论坛。当时的邓文迪还是新闻集团的高层，与她相伴出席活动的是卡梅隆和福克斯的老总。

毫无疑问，那天的邓文迪是光彩照人的，她穿了一身宝蓝色的曳地长裙，风姿绰约。走完红毯，所有的明星都会到后台的一个来宾签名区，

在官方海报上签下自己的名字，邓文迪也是一样，当时这位作家就负责在签名区收集签名。

其实那一天作者与邓文迪唯一的交流就是他把手中的签名笔递给邓文迪，但是就是那一个小小的动作，却让这位作家终生难忘。

那天的邓文迪盘了一个略显古雅的发型。邓文迪的皮肤颜色是比较黑的，五官也分明。这无疑让邓文迪看起来有点严肃，但是当邓文迪接过签名笔的时候，她突然握住了递笔给她的那个人的手。

邓文迪的手非常冰凉，却非常有力。他给对方传递出一个信息：嘿，我是认真地在和你握手。而不是不经意间的指尖触碰，并且伴随着握手，邓文迪投来了她友善的微笑，邓文迪会很认真地看着和她握手的人，并不只是轻轻的一瞟。这会让人感到她是在专门对着这个人笑。

随后，邓文迪的目光转向后面的摄影机和记者，邓文迪也是如刚才一样，好像每个人她都环视了一遍，却又目标明确，让所有的记者都感到邓文迪是在专门对着他笑。

不过就是电光石火的一瞬间，在场不下 50 个人都感到了邓文迪的温暖和友善，这还不包括镜头传递出去以后的观众和网友。

这样的邓文迪既具有一种强大的气场，也能够让所有人感到她并不是高不可攀的。

一个有气场的人会让别人对她心生仰慕之情，但是对一个有气场却有亲近和善的人。人们的感情是十分复杂的。他们既畏惧这个人的气场，却又想要与她亲近。

就好像你眼前有一个非常美丽的珍宝，你想要得到它，但是它的周围却伴随着锐利的尖刺，你不可能靠近，这样求之不得的感觉是非常磨人的。

或许大多数男人对邓文迪抱有的就是这样一种心态，所以才会有那么多的男人宛如飞蛾扑火一般，一个又一个陷进邓文迪的温柔圈套。

而这未尝不是一种女性智慧。除了邓文迪那股向上的冲劲，我们还

能看到邓文迪是一个很有智慧的女人。

默多克传记的作者说：传记中，我把她描写成一个有野心又有智慧的女人。之所以觉得她有智慧，是因为我觉得她很聪明地理解了她在默多克家族里的艰难地位。邓文迪想要的很多，她会抓住所有可能的机会去扩大自己的影响力，提升自己的地位。有人很喜欢她，觉得她有智慧；也有很多人讨厌她，觉得她太有野心、太有侵略性、太中国化。

在邓文迪与人交往的一点一滴中，我们就可以看到她的女性智慧。

邓文迪深知作为一个女性，在事业方面以及其他的方面，她可能远远比不上男性，可是邓文迪明白作为一个女性她的优势在哪里。尽管她做不到像她的前夫默多克那样创建一个商业帝国，但是她可以征服默多克，以另一种方式将默多克商业帝国收归囊中。

邓文迪的情商很高，这一点已经是无可厚非的了。而邓文迪的情商与她的女性智慧其实是息息相关的。想必邓文迪在职场上开疆扩土的时候，她的这一性格特点对她一定是很大的助力。

一个人的缺点可能会拖累这个人一辈子，但是一个人的优点，在这个人人生的各个方面都会是一个很大的助力。

每一个成功的人必然都是有某一种优秀品质的。一个人不可能因为碌碌无为、事事平庸而走向成功。这种成功品质可以是坚持，可以是努

力，可以是聪慧，也可以是其他的，对于邓文迪来说就是她的女性智慧。

邓文迪的女性智慧不仅仅为她事业上的发展提供了很大的帮助，在她的情感生活上也让她备受人们的喜爱。

女性其实是一个很柔弱的个体，她们不会像男人一样征战沙场铁马金戈。男人或许会欣赏女人的硬气，但是绝对不会娶一个一身戾气的女人。

女强人的精神是可敬的。但是在男人的眼中，女人永远都是水做的。他们要娶的女人会是一个妻子，安心在家做他们坚强的后盾，而不是陪伴他们一起征战沙场。

就好像默多克的第二任妻子安娜，她是一个极有商业谋略的女人，在默多克的新闻集团里也担任董事一职，具有极高的地位。所以在默多克与安娜的关系里，默多克会更多地把安娜当成他生意上的伙伴，而不是一个妻子。最终安娜和默多克离婚了。

而默多克要娶的是一个甘愿为他放弃自己的事业的女人，这个女人安心地陪伴他，照顾他的家庭以及他自己的生活，为他生儿育女、相夫教子，与他相伴、相知、相惜。

在邓文迪与默多克离婚后，邓文迪又新交了许多年轻的男朋友。人们时常感叹为什么邓文迪已经 40 多岁了，却还可以交到那么多年轻有为的小帅哥。

在普通人的眼中，邓文迪已经过了女子最美好的年华，而那些和她相恋的小帅哥都是在最意气风发的年纪，人们总认为在他们的感情里一定是邓文迪主动的。

但是换个方式想一下，从传媒大亨到国家政要，都一一地拜倒在邓文迪的裙下。邓文迪对男人的吸引力不言而喻。

在人们的眼中，可能邓文迪的人生有些离经叛道，甚至颠覆三观，但是不是也正是这样，她才是一个传奇呢？她可以在每一次跌落谷底的时候都触底反弹，无论她在什么样的年龄都有自己的筹码和底气。

所以为什么这样的邓文迪就不能吸引男人了呢？在中国，那些有性

格、有实力、有才华的男人可以吸引大量的女人蜂拥而至。在国外，邓文迪与这类男人其实是一样的，会有大量的小帅哥围绕着邓文迪，这也无可厚非。

或许在这些小帅哥的眼中，邓文迪就是女神一样的存在。

他们终于站在了自己心中女神的身边，哪怕这个女神已经过了她最美好的年纪，岁月在她脸上终于留下了痕迹，但是他们终于和自己的女神有了交集。

看看邓文迪和她那位 20 多岁小男友的出游照片，邓文迪总是一脸风轻云淡，反倒是她那位小男友一脸的幸福。

一个有智慧、有深度的人，无论何时都是光彩熠熠的。因为他们的智慧可以融入他们的人格里，嵌入他们的骨髓中。无论到了什么样的年纪，他们依旧会像一块磁铁，有着一种莫名的吸引力，让人忍不住就想去探索这个人的一生。

这样的人大多数都是男性，当终于出现了一个邓文迪这样的女性时，怎能不让世人惊叹？

第三节 社交，不求深刻但求广交

一、邓文迪的迷之手腕

邓文迪的社交圈子向来强大。在 2016 年的愚人节甚至传出了邓文迪与俄罗斯总统普京在闹绯闻。而且这个新闻还是由美国的高官爆出的，如果说不是美国的官员无聊到去开俄罗斯总统的玩笑的话，这无疑是一个爆炸性的新闻。

虽然现在邓文迪和普京双方都没有对此新闻作出回应，但总有一些八卦记者自称拍到了邓文迪与俄罗斯总统普京一起出游的画面。媒体更是三天两头就将笔头指向普京与邓文迪。

前两日，普京不过是自己开车，然后为后座的一个人开了一下车门，就因为后座的人被拍到穿了一条红色的裙子，人们就纷纷猜测坐在普京后座的人其实是邓文迪。

不过虽然外媒已经站出来公开表示：邓文迪和普京在一起只是外媒开的愚人节玩笑。但是对于邓文迪与默多克离婚后扑朔迷离的感情，却是始终猜不透，今年已经年近五十的邓文迪最终是不是还会再开始她的第三段婚姻呢？

原本普京在中国的形象还是十分高大并且端庄的，一般来说，普京与任何一个女明星甚至是某位名媛传出绯闻时，理智的中国人民还有外国人民都纷纷表示不相信。但是当邓文迪与普京的这条绯闻传出以后，却有很多网友表示看到普京的八卦，他们一开始是不信的，但看到主角是邓文迪，他们却认为这可能并不是愚人节的特别档节目。

邓文迪虽然与默多克离了婚，但是邓文迪强大的社交圈子却是在与默多克结婚后，因为默多克想要一个真心在家照顾他的妻子，不让邓文迪涉及家族事业才带来的间接成果。

在当年默多克忙于事业，每天搭乘着飞机飞过来飞过去的时候，文迪在家也没有闲着，她跟硅谷的大佬们很有来往，曾经在自己家的庄园里还招待过 Facebook 的创始人扎克伯格。而且扎克伯格的妻子普莉希拉·陈与邓文迪一样都是华人，凭借着这一点，邓文迪与普莉希拉很快就成为了好朋友，顺带着搞定了普莉希拉的老公扎克伯格。据悉，当年扎克伯格和推特的创始人杰克·多西都是邓文迪介绍给对 IT 一窍不通的默多克认识的。

《时尚芭莎》的男主编 Derek Blasberg 与邓文迪也是好友，他的新书派对，也邀请了邓文迪和邓文迪的女儿前来捧场。与邓文迪同时受邀的还有英国王室的碧翠丝公主。

还有电影界的大咖妮可·基德曼，她是邓文迪的闺蜜。两个人一起做过慈善。据说两人做慈善的同时还拉上了约旦的王后，并且参加了约旦皇后在约旦河举办的王后孩子的洗礼。

谷歌的两位创始人拉里·佩奇和谢尔·盖布林也在邓文迪的家里被她招待过。

还有在默多克四婚时，被邓文迪牵出来反击的那个新男朋友查理·西恩。查理 1986 年出生，比邓文迪小 17 岁。父亲是挪威亿万富豪，母亲是英国人，号称全英国最英俊也是最年轻的教授，还是英国国内顶尖的小提琴演奏家，与索尼古典唱片公司都有签合约。因为琴拉得好，长得帅，还被大牌青睐，被拉去拍过广告。

美国媒体甚至公开发表过这样一句话："查理，这个世界太假，配不上你的美。" 这是原话："Charlie, you are too beautiful to this garbage world."

不过后来证实查理只是邓文迪的朋友，当时只是单纯地陪邓文迪去出席活动而已，有点像是友情地帮邓文迪演出了一把。不过能随手找到这样的男友拔刀相助，邓文迪的社交本领不可谓不强。

邓文迪还与阿布·拉莫维奇是好友。邓文迪经常乘坐阿布家的游艇出游，阿布夫妇每年办 party 必请邓文迪。要知道阿布可是全球排名第 15 的亿万富翁。尤其是阿布的老婆连邓文迪开发一个小项目都会到场捧场，表示支持。

更不要说还有伊万卡·特朗普、章子怡、李冰冰这样大名鼎鼎的人物。

当章子怡在微博上晒出与邓文迪、李冰冰、杨紫琼、大 S 的婆婆张兰等的合影时留下这样一句话："世间所有相遇，都是久别重逢。"

而李冰冰转发章子怡的微博，说的是："念念不忘，必有回响。"

说实话，邓文迪的婚姻不成功，事业不圆满，但她的朋友确实是遍布天下。

在邓文迪的朋友圈中，一些女性朋友更是她的终极死党。无论邓文迪在婚姻里怎样被人诟病，她们都对邓文迪不离不弃。

邓文迪与《芭莎》主编

有人当着邓文迪的面夸奖她是传奇女性，说她打扮得体，语速快，而且干脆，精力旺盛，雷厉风行，强调女性应当如此。但是邓文迪却笑着说"传奇，就是越传越奇"。不知是否有人还记得邓文迪说过这样一句话："Don'task what's the meaning of life is，defind it."

"不要问人生的意义是什么，自己去定义它。"

从邓文迪站在媒体面前开始，对于她这个人的评价向来是毁誉参半，对于她离间别人的家庭这件事肯定是会被骂的，但是邓文迪的能力绝对是有的，就从她名校毕业和这一路的经历，也知道她的智商和情商到底怎样。如何看待一个人，就看你是从他的身上找污点还是找亮点。

当一个人足够强大的时候，其他人的评价他根本就不会在意，也影响不了他。邓文迪不像娱乐圈里的明星，出了一点事，民众但凡不开心就会站出来道歉。这样的生活会一落千丈，说不定饭碗都保不住，但是邓文迪被骂了这么多年，谁看到她落魄过？

邓文迪"麻雀变凤凰"的历史，绝对不可能只是一个人感情婚姻的历史那么简单。

在邓文迪的生活里，她一直是强大的、强硬的，从来没有服过软。作为一名中国女性，客观来说或许她的经历有不如人意的地方，但是她的人格绝对是高大的。

生活像弹簧，你弱它就强。当一个人明明受到了压迫却不反抗，那么我们还能怪这个社会不好吗？社会都是由人构造的。人是怎样的性格，社会就是一种怎样的姿态。

中国女性应该站起来了，不要向那些恶势力低头。看到邓文迪这样的女性，哪怕她过去的经历在别人眼中是多么的离经叛道，至少她站起来了。

二、独立生存

在邓文迪与默多克离婚以后，除了邓文迪的情史以外，人们最关心的就是她现在靠什么生活呢？离开了默多克这个亿万富翁，邓文迪现在过着什么样的日子？她有什么样的经济来源，或者说谁又成为了下一个为邓文迪的感情买单的男人呢？

大多数人都认为邓文迪现在主要就是靠默多克给她的一千多万美元分手费过日子，居住在与默多克分手时获得的两套房子里。

但是想必大家都发现了，最近的邓文迪异常活跃。出去和闺蜜旅游、和男友度假，在自家的豪宅里邀请各界名人开 party，不断地穿梭于各个时尚派对中。且不说邓文迪飞来飞去的食宿交通费，就是她那一身打扮也价值不菲。默多克留给邓文迪的一千多万美元真的够用吗？

要知道那些时尚圈的名人从来不会管衣服的价格，而且一般价格越高越会让他们对之欲罢不能。对这些有钱人来说，他们已经不会再关心价格是否合理，他们只会关心这件衣服穿在他们的身上，是否能够衬托出他们的气质，彰显他们的身份。

尤其是那些有钱的社交名媛参加一个派对，一身行头价值上百万美元是很寻常的事。默多克留给邓文迪的那笔钱真的可以让她挥霍这么久吗？而且这还是在除去邓文迪日常生活所花费的巨额开销的情况下。

答案当然是否定的。如果是这样，邓文迪现在早就饿死了，一定是忙着到处赚钱，怎么可能还有闲心跟她的闺蜜和小男友出去度假旅游呢？

那么邓文迪现在生活的资金又是从哪里来的呢？要知道现在的邓文迪没有在任何一家公司担任职务。她好像就是一个富贵闲人。

曾经邓文迪确实和好友一起创办了一个电影公司，不过她的电影公司向来是亏的钱比赚的钱多，现在是否还在运营也尚未可知。但是当年邓文迪还开发过一个项目，可能邓文迪自己也没有想到，当年那个小项目现在竟成了她的摇钱树。

这个项目叫 Artsy，当年邓文迪开发这个项目的时候，俄罗斯名媛、著名富豪阿布的妻子还曾到场为邓文迪加油打气，表示支持。

据说 Artsy 是全球知名的线上艺术收藏、教育及发现平台，通过向画廊收取月租来获取盈利，商家入驻后可将供售卖的艺术作品无限量地放在平台上，吸引来自全球范围的买家驻足和购买。

从 2012 年推出以来，Artsy 与国际顶尖的画廊、拍卖行和艺术展会合作，通过强大的编辑平台和艺术教育探索工具，创造出线上最大的艺术市场。

Artsy 利用行业领先的技术有效地连接了全球范围内的供需关系，通过 90 多个国家 1800 多个合作画廊创造出每月 2000 万美元的销售额。此外，Artsy 每月有超过 200 万的独立访客，Artsy 的杂志是现在世界上最畅销的在线艺术出版物。Artsy 的总部位于纽约，在伦敦和柏林设有办事处。

众所周知，搞艺术品挣钱很快。

不过，Artsy 这个项目也并不是邓文迪一个人开发的。与邓文迪一起开发这个项目的投资人还有：Larry Gagosian（Gagosian Gallery 创始人），Joe Gebbia（Airbnb 联合创始人），洛克菲勒家族和 Acquavella 家族成员，Greg Maffei（Liberty Media 首席执行官兼董事会主席），Dasha Zhukova（Artsy 联 合 创 始 人，Garage Museum of Contem

poraryArt 创始人）。

　　Artsy 现任董事会成员有邓文迪和 Sky Dayton（Earthlink 和 Boingo 创始人）以及 Rich Barton（Expedia、Glassdoor、Zillow 创始人）和 Bob Pittman（MTV 联合创始人，iHeart Media CEO）。

　　从这一串名单上来看，没有哪一个人是等闲之辈。当年邓文迪开发这一个项目或许只是无心之举。一个有钱的富太太，没有事做就只能淘一些艺术品来玩，淘着淘着发现这里好像可以赚钱，就拉了一众同样有钱的小伙伴开了一个公司，想要开始一场事业。

　　从事艺术品虽然赚钱快，但是起步很慢，需要确保一定名气的时候，人家才会相信你，来和你做生意。所以一开始这个项目并没有赚到多少钱，不过那时候邓文迪吃穿不愁，邓文迪自己也没太往心里去。

　　不过能随手就拉到如此多的商业大佬和她一起开发一个并不是很挣钱的项目，并且这些人还愿意和她一起干，这说明了邓文迪确实是一个社交达人。或许邓文迪在经商方面的能力不足，但是她的社交手腕以及说服人的能力确实很强。

　　邓文迪离婚以后失去了默多克这样一位身为亿万富翁的丈夫，她的生活确实是变化很大的，她不得不去考虑如何才能让自己继续风光体面地生活下去。她知道她已经融入了那个上流社会的圈子里。如果她就这样黯然地退场，那么她一定会是众人茶余饭后的谈资。

　　邓文迪当然不愿意这样，在刚刚离婚的时候，或许她也消沉了一段时间，就像默多克一样，为这段婚姻的破裂感到悲伤，但是邓文迪迅速地站了起来，依旧风光体面地穿梭于各个时尚 party 和名流圈子里，与众位富豪依然保持着密切的联系。

　　当一个人的某种天赋被自己发现，并会利用这种天赋为自己的未来做打算时，这个人必定会不同凡响。

　　邓文迪知道在经商方面或许她的能力平平，但是如果要做社交的话，那么能与她并肩的人也确实没有几个。

在邓文迪离婚以后，她很快就发现她原本只是做着玩玩的这个艺术品交流平台，却渐渐地开始走上坡路了。

邓文迪当年做豪门阔太的时候也曾沉迷醉心于这种奢侈品艺术品的购买，她知道什么样的艺术品能够打动人，人在什么情况下会想要购买这些艺术品，对于这些人的心理她琢磨得很透。

在邓文迪离婚以后，她的社交圈子却越来越多地被人们扒了出来，简直就快跟她的情感史一样辉煌了。在这个圈子里，亿万富豪、国家政要、时尚名媛、富豪千金都和她是好朋友。

这些人自然也就成了邓文迪主要的客户对象。

就在前不久，还传出艺术收藏及教育网站 Artsy 获 5000 万美元 D 轮融资的消息，要知道，在邓文迪与默多克离婚的时候她不过也才分到 1400 万美元，虽然这 5000 万美元肯定不是邓文迪一个人收归囊中，但是这对邓文迪来说只是一个开始，凭借这个网站，将来她能赚的钱还多着呢。

或许这就是邓文迪作为一个女人的生活方式。当爱情来临时，她可以放弃一切不顾所有的世俗眼光，也要跟爱人生活在一起，可是当爱情破灭的时候，邓文迪也可以作为一个女人独自坚强地生活。

坚强是很多女人可望而不可即的东西。有多少女人在婚姻爱情事业里受到了无尽的伤害，却只能一个人低低地哭诉，道一句：且行且珍惜。

而坚强的邓文迪是不会被打倒的。世界给予她以伤痛，她必然会回以高歌。

对于一个女人来说，哭泣能解决什么问题呢？与其萎靡不振，她宁可踩着她的伤痛一路大笑着前进。

巨人之路

谜一样的女人·邓文迪传

第四节　家庭，天生的孤独

一、邓文迪不爱任何人

在认识默多克以前，邓文迪就像是那块埋藏在石壁深处的和氏璧，在世人眼里，他们也没有意识到这个女孩的价值，而在邓文迪与默多克结婚后，邓文迪这块和氏璧仿佛在一夜间发光发热，所有人都迫切地想要了解她，甚至不惜将那往昔的情感时全部一一地扒了出来。

与邓文迪当时嫁入豪门的辉煌比起来，邓文迪的过往更像是一个人阳光背后的阴暗面，尤其是对邓文迪的感情，人们似乎从来没有用过什么褒奖的词语。

但是，人们一边对邓文迪的情感生活持否定的态度，一边又对邓文迪的感情故事充满了向往，对邓文迪交往的对象一个接一个不断地关注。

对于爱情方面邓文迪能够被人数得过来的感情就已经有数段。与杰克·切瑞的初恋、与沃尔夫的热恋、与默多克的忘年之恋，乃至于现在同一些小帅哥火热的爱情都是人们津津乐道的话题。

甚至有更多的在媒体没有关注到的地方，一些不为人知的细微谨慎的爱情。

所有人都觉得邓文迪这个女人一定是火辣而又多情的。有她在的地方，似乎就是一段风月佳话。

但是有没有这样一种可能？邓文迪从来不爱任何人。

邓文迪所有的恋爱似乎都没有善终，她好像没能与任何一个男人走向生命的尽头，执子之手，白头偕老，与现在那个小鲜肉男朋友的爱情，我们都可以看出小鲜肉对邓文迪的爱慕，满脸的痴情，可是邓文迪呢，总是顶着一张冷酷的脸无动于衷。

人们总是说像邓文迪这样又不漂亮，又过了大好芳华的女人，还能拥有如此惊心动魄的情感经历和如此令人羡慕的爱情，她应该是心怀感恩的。

但是或许邓文迪从未将与男人们的感情放在心上，她最爱的只有她自己。

邓文迪常常会与人说起她往昔的经历，不是那些风花雪月的情感，而是作为一个女人实打实奋斗的经历，讲她如何从一个中国普普通通的贫穷的女孩子，一步一步走到今天这个地位的传奇故事。

在邓文迪的故事里，她会把自己描述得十分的励志，她认为她很自信，也很坚强，困难打不倒她，她永远相信着自己的目标，并且一点一点实现了它。

自信是一种很优良的品质，它可以带人走向成功，有的人一辈子也没有自信过，所以他们碌碌无为，是大街上的大多数人。

可以看出来，邓文迪对自己过往的故事是非常满意的，或许其中穿插着少许的遗憾，但是那些遗憾只是用来缅怀，而不是用来歇斯底里地懊悔。

邓文迪是孔雀型的人格，也很爱自己，当然，这种爱不是自恋的表现，而是一种对自身价值的认同。

世界上是有这样一种女孩子的，她们从小受到的关爱很少很少，所以她们只能抱着自己过日子。她们得学会不让自己受委屈，别人不爱她，她就自己来爱自己。

这是一种天生的孤独感。

因为她们的世界里只剩下自己，她们眼中只有自己，心中只有自己，爱着的也只有自己。她们已经习惯了，不将自己交给任何人。她们明白没有人比她们自己更爱自己。

说不清这样的状态是一种可幸还是可悲。

幸运的是只抱着自己过日子的人从来不会在乎别人的想法。就算是当年邓文迪两次介入别人的婚姻，人们对她充满了诟病、批评和质疑，邓文迪可以不为那些所谓的道德所影响，继续过她自己想要的日子，做她认为对的事情，不为别人的眼光而止步。

这一类人是很坚强的，别人言语的刀枪棍棒都伤害不到他们，因为他们从来没有在意过那些人，这些人对他们来说不过只是红尘里的一个匆匆过客，在意他们干什么呢？今生他们不会有过多的交集，来生更不会遇见。

如邓文迪这样的性格也会变得很上进，他们可以为达目的不择手段，只要能够获得自己心中想要的成功，他们可以不惜付出一切代价。因为那些身外之物都没有他们自己重要。

为了自己的成功，他们甚至可以抛弃一切朋友家人，亲情爱情。

这一类的人或许激进，但是他们从来不会为别人挥洒一滴汗水一滴泪水，他们的一生都在为自己而奋斗，回首往事，他们会觉得很值。

而且这样的人一般都会获得成功，因为他们骨子里那股蛮劲和激进会让他们放弃一切，直至走到顶点，只要自己还在，其他人其他东西失去与否又有多重要呢？

但是这一类人可悲的是他们太爱自己了，他们从来不会放心把自己交托给任何人，哪怕是在爱情里，对方已经是与她结婚的丈夫，他们可能共同孕育了孩子，但是她也不会打从心底里将对方看得与自己同样重要。

这样的人，无论走在繁华的闹市还是车水马龙的街区，他们的内心都是孤独的。当坐在车上的时候，望着窗外的一切匆匆流走，他们或许会生出一种无力感，因为他们好像事业有成，家庭圆满，但是

伸出手来，却什么也抓不住。

没有人是生来孤独的，孤独一定是从小养成的坏习惯，而且基本上都是被迫养成的。

试想一下，如果一个女孩子，她的父母十分的爱她，她的家人都将她当作掌上明珠，对她充满了无时无刻的关爱，当她遇到困难时，就有人陪伴在她身边，当她遇到挫折时，就有人搀扶着她，与她并肩前行，这样的人怎么可能是孤独的呢？

邓文迪的孤独，与小时候父母的不重视有很大的关系，想象一下，一个小小的女孩子，当看见别人的父母把自家的小孩搂在怀里，轻声安慰的时候，而自己的父母却在逗弄着自己的弟弟。无论她是摔倒了、受伤了，哭泣着、叫喊着她的父母都无动于衷。这样的人怎么会不孤独呢？

很难想象像邓文迪这般众星捧月的人，竟然也是一个天生的孤独者。

人们总认为孤独应该是像陶渊明那样的，归隐山林，居住在深山里，没有人知道他、没有人认识他，一个人，冷冷清清，凄凄惨惨戚戚。

但也有这样一句话，孤独是一个人的狂欢，狂欢是一群人的孤单。

陶渊明性本爱丘山，谁能说他一个人住在深山里就是孤独的呢？像陶渊明那般天性淡然的人，或许山中的一草一木都是与他相伴的好友。

但是滚滚红尘中也有像邓文迪一样的一群人，他们看起来好像身边好友无数，众人环绕，但是他们悲伤时无人可以诉说，他们难过时无人给他们一个肩膀。当夜深人静，胸中突有感触时却不知道该与谁诉说。

其实不只是邓文迪，孤独已经成为 21 世纪不断蔓延的社会瘟疫。英国心理健康基金会做过这样的调查，在受访的人当中有 2000 多名英国人，其中有 10% 的受访者承认自己常常感到孤独，尤其是 18 岁到 34 岁的人群感到孤独的人占到了六成。

长期感到孤独的人会对身边的人缺乏了解和信任，对周围的一切事物都不感兴趣。

在这个世界上有很多人知道邓文迪的名字，对她的花边新闻感兴趣，却从来没有人真正想过要认识和了解这个叫邓文迪的女人，想要知道她真正的心路历程。

二、流于面、刻于骨、藏于魂

在整本书一开始我们就说邓文迪是一个谜一样的女人。

但在这本书里我们又把她剖析得透透彻彻，似乎没有什么谜团再围绕着邓文迪了。

但是所谓的"谜"并不只是说邓文迪身上的不为人知的那些故事，而是邓文迪骨子里面的迷人之谜。

人们并不是因为看不透邓文迪才被她深深地吸引，而是因为哪怕我们把邓文迪分析得透透彻彻，人们仍然会对这个女人肃然起敬，并且抱有向往之情。

很多人说一个人对另一个人心生向往，就是因为看不透。对于追求的一方来说，被追求者仿佛什么都是笼罩在一团谜团里，他们对这个人看不透，所以想要了解又了解，就会不断地对她进行追求。

而当一个人对另一个人的一切都看得清清楚楚、明明白白的时候，这也就意味着，追求者对被追求者失去了兴趣。

关于邓文迪各个版本的故事在网上已经不断地流传开来。有心者只要上网去查，关于邓文迪祖宗八代的故事都可以被翻出来。但是尽管如此，人们对这个女人仍然抱有强大的憧憬之情，这就是邓文迪的迷人之处。

曾经的默多克迷上了邓文迪。他想尽办法，不惜一切地让邓文迪成为了他的女人。

但是邓文迪是不可能忠于默多克的人生的，她更忠于自己。

曾经的默多克想要把邓文迪圈养起来，就像是养宠物一样，希望这个心有猛虎的女人可以放弃一切，包括她的事业，甚至包括她的家人，只为默多克一个人活着。默多克带邓文迪到美国，让她就在自己的豪宅

里安安心心地过着贵妇人应该过的日子。

但是邓文迪平时表现出来的就并非一个宜室宜家的姿态，邓文迪并不是一个软弱的女人，反而是一个非常要强的人。

邓文迪不惜牺牲自己的爱情也要到达美国，用婚姻换来了美国的绿卡，让爱人为她支付巨额的耶鲁大学的学费。工作中也是一副女强人的姿态，甚至可以和自己的顶头上司面对面地争论。

邓文迪流于面的，是一个女人最坚强、最坚硬的姿态。

默多克为什么会想要让这样一个坚强独立的女人放弃自己的一切和他在一起呢？

可以说默多克就是被邓文迪这样独立、坚强、自信的性格所吸引，可真正当他要选择与邓文迪结婚的时候，他却要邓文迪放弃自己原有的本质特征，这显然是十分矛盾的。

这或许就是占有欲极强的男人，就像默多克爱邓文迪的热情开朗，但是当他爱上以后，他就再也不会想要其他人，也同样能够感受到邓文迪的热情开朗。默多克希望邓文迪从今以后只为他一个人绽放。

所以默多克把邓文迪圈养了起来。他只看到了邓文迪流于面的坚强，却没有看到邓文迪刻于骨子里的倔强。

对于邓文迪来说，她就是一个天生不安分的女人，她可以在职场上不断地失败跌倒站起来再继续战斗，却不可以被圈养在豪宅里，风平浪静、毫无波澜地和普通女人一样生活。

因为邓文迪刻在骨子里的不仅仅是一份倔强，还有一份天生的躁动不安。

而正是因为这份躁动不安，给予了邓文迪无穷无尽的战斗力和生活的动力。人们爱的就是邓文迪这股不服输的战斗精神。她总是像一个传奇一样在你以为她陷进一个深坑永远爬不起来的时候，潇洒地拍一拍身上的灰尘，继续昂首阔步挺胸向前。

在邓文迪的故事里好像永远也没有"服输"这两个字。

谜一样的女人：邓文迪传

对于邓文迪来说，爱情有如佛家的禅，越说越错，但是她从来没有放弃过去爱的机会，也没有放弃过自己爱人的权利。哪怕她自己的爱情没有一段是成功的、完整的，但她依旧在不停地尝试。

而友情对邓文迪来说便是那天上的星星，繁星灿烂，星光点点，好像是一场丰盛的宴会，但是那些星星永远不会向她这个这个月亮靠拢。他们遥相呼应着彼此，与对方交汇着自己的光辉。但是邓文迪知道他们的友情深刻隽永，但自己的身边永远孤独。

事业是大海上的风帆，正在风口浪尖的时候就是她的事业达到最高点的时候，但是在风浪过后，邓文迪的事业或许变得平稳，却波澜不惊，再也无法引人注意。

关于邓文迪这个女人的一切似乎都让人仰望，那么难以企及，却又没有一样是真正圆满的。

但是无论邓文迪经历了什么，发生了什么，她从来没有想过要停止战斗。

这源于她藏于魂的一份真诚。

邓文迪是真诚的，无论是感情、事业还是友情。

或许邓文迪是一个天生的孤独者，她行走至今除了两个女儿，没有任何人与她为伴。而她的两个女儿不仅是她的女儿，也是默多克的掌上明珠。在邓文迪与默多克的离婚案中，两个女儿并不是判定归哪一方所有，而是夫妻二人共同抚养。

在默多克四婚的时候，邓文迪的两个女儿还在默多克与新妻子霍莉的婚礼上为他们二人当花童。

一路走到今天的邓文迪看起来似乎有一番不凡的经历，有一堆身份高贵的朋友和圆满的家庭。但事实上邓文迪也是一个孤独者。

可是那又怎样呢？人生在世不如意之事十之八九，没有人可以做到事事皆完美，万事皆完美，无疑也是一种慢性毒药。正是因为人生当中还有不完美的事物，所以人才会有向完美不断追求的欲望。

邓文迪的坚强流于面，她的倔强刻于骨，她的真诚藏于魂。

虽然她经历了那么多段不完美的爱情，但是她依然没有停止对自己情感的追求。在与默多克离婚后，邓文迪并没有在感情面前望而却步。当她的新男友追求她时，她选择了积极地接受，并与其开始了一段全新的感情。

虽然说邓文迪有一种天生的孤独感，在情感里她不愿意把自己交给任何人，但是她在情感里也会怀着自己最大的真诚。

在与人相处中，邓文迪也许会下意识地防备，会不由自主地为自己留下一条退路，但是当她真正陷入一段感情时，她付出的每一份感情绝对都是真诚的。

人之所以会感到孤独，是因为这个世界从来没有温柔待过他。

当年幼无知的邓文迪对着世界微笑的时候，世界还她以尖刀，所以她便学会了为自己架起一块盾牌。她希望无论她受到什么伤痛，都可以保护好自己全身而退。

但是感情是比世界上所有武器都还要尖锐的。当一个人真正陷入感情中，那么这个人所有的防备也都会瞬间烟消云散。

邓文迪对待感情向来是赤诚的，所以尽管她对所有的人情冷暖天生防备。但是当她真正开始一段感情的时候，这个身披盔甲的女战士也会卸下所有的防备，又袒露出她最真诚的一颗心，开始她一段全新的感情。

这就是邓文迪，一个不断在战斗着的强大的女人。一个谜一样的女人。

附：邓文迪的最新消息

一、爱情

邓文迪在与默多克结婚一时声名大噪，而邓文迪真正出名却是她与默多克的离婚风波。

在邓文迪离婚后，人们都以为这个女人会就此在风潮迭起的上流社会里沉默下去，但结果，相信所有人都知道了。

放眼邓文迪的爱情交往对象，几乎都是一方权贵。有些时候男人其实和女人很像，外貌都会老去，唯有才华和财富永不褪色。在爱情里，邓文迪无疑是赢家。

在 2016 年愚人节前夕，邓文迪与普京相恋的消息震惊了国内外不少的看客，外媒发图并配文："默多克前妻与普京认真交往中。"

Rupert Murdoch's Ex-Wife Wendi Deng Is Dating Vladimir Putin

虽然这条消息扑朔迷离，普京本人以及克林姆宫均未证实过。但仍有不少人震惊不已，而且因为女主人公是邓文迪，不少人甚至没有一丝怀疑。

不过其实普京和邓文迪蛮配的，都有着彪悍的人生，一个在征服世界，一个在征服男人。

而 2017 年的第一天，邓文迪晒了一张照片，网友们炸了。

因为跟邓文迪出现在同一画框上的是一位小鲜肉男模。两人头挨着头，笑容十分甜蜜，并配文：新年快乐。

在那之前，人们对邓文迪的印象还停留在默多克的前妻、与英国的最年轻客座教授，甚至是与俄罗斯总统普京的关系上久久不能自拔，但当邓文迪将这张照片晒出来之后，网友们纷纷表示果然是不能以寻常的眼光来看邓文迪的。当你还以以前陈旧的眼光来看待她时，一眨眼，也许她又甩了其他人很大一截。

邓文迪这位 21 岁的小男友 Bertold Zahoran，绝对称得上是一位"行走的荷尔蒙"。英俊的容貌、八块腹肌以及盖都盖不住的人鱼线。当这位小哥和邓文迪走在一起时，甚至有网友表示：左边是我老公，右边是我老妈。

无论多么不可思议，但是这就是邓文迪目前最新的一段恋情。

两人的恋情其实早在 2016 年 5 月就有苗头了，当时邓文迪去参加朋友的生日聚会，而当时这位西班牙男模就坐在邓文迪的旁边。

2016 年 11 月的时候，两人又一起出席了纽约的一个展览活动，恐怕那时这两位就已经正式在一起了。

论谈恋爱，邓文迪应该是这个地球上最大的赢家了。

我们不知道邓文迪与这位小模特的恋情会持续多久，也不知道邓文迪如此辉煌的恋爱史，还会谱写多少篇章。但是无论邓文迪现在与她的小男友看起来有多甜蜜，其实所有人都知道，这绝不是邓文迪的终点。

二、家庭

邓文迪现在的家庭无非就是邓文迪自己原本娘家的父母兄妹以及她和默多克所生下的两个女儿。

邓文迪家有四个孩子，两个姐姐，如今已经是 50 多岁，为人父母甚至有可能已经连孙子都有了。弟弟倒是一直没有什么存在感，邓文迪也极少在外人面前提起他的弟弟，可能是因为小时候父母重男轻女，喜欢弟弟而不喜欢自己，邓文迪几乎不会开口提起自己的弟弟。

对于父母，邓文迪的感情是十分纠结的。因为家里面的孩子多，自己又是女孩，父母给她的关爱极少，但是她自己心里面也知道血浓于水，父母终究是爱她的，就像她爱自己的父母一样，但是中国父母与子女之间的感情就是如此的微妙。心里面已是一片汪洋，波涛汹涌，但真正面对面需要进行情感交流的时候也不过只是一条潺潺小溪，流露不出心中情感的万分之一。

现在的邓文迪可谓功成名就，在她原本中国的家庭里，自然没有谁敢小瞧她。她也会给她家人最大的帮助，在赡养父母方面也会义不容辞。但是今年 50 岁的邓文迪在美国打拼了近 30 余年，与中国家人那点原本就微弱的情感联系，如今更是微乎其微。在邓文迪现在的家庭里，可能

附：邓文迪的最新消息

重心就是她的两个女儿了。

但是邓文迪的女儿也是传媒大亨默多克最疼爱的两个女儿。因为两个女儿来得不易，所以这两个女儿从小就被默多克视若珍宝，虽然因为一些客观原因，两个女儿在默多克的新闻集团里并没有投票权，但是默多克自己也曾说在遗产继承方面他绝对不会亏待他的两个小女儿，每个月也会给她的女儿一笔不菲的生活费。可以说邓文迪两个女儿从小过的日子一点也不比公主差。

但是因为这两个女孩有一个默多克这般强大的爸爸，所以邓文迪与女儿相聚的时间也只能与默多克平分。

就连小女儿克洛伊过生日的时候，默多克也会亲自赶来为她庆生，即使是父母离婚了，但是邓文迪的女儿们收获的爱一点也不会少。

这样看来，邓文迪与家人生活交流的方式似乎有些淡薄。但人与人之间交往的方式本就不同，有的人浓如烈火，灿烂得像六月骄阳，而有的人淡如薄冰，即使常伴身边依旧会感觉十分遥远。

邓文迪的家庭或许也就是这样，心中伴随着六月烈火般的浓情，淡得却像十二月的寒冬，但是其实他们都知道他们的感情一直都在。

邓文迪、默多克离婚后一起给女儿过生日

三、事业

在邓文迪与默多克离婚后，邓文迪的事业便格外地受人关注。

除了邓文迪的第一部作品《雪花秘扇》较为成功之外，她在电影制片人圈子里似乎都没有什么名气。但是《雪花秘扇》的成功仅仅在于它强大的宣传力度以及向好莱坞输出了李冰冰这样一位优秀的华裔女星。甚至在票房方面也只获得了一千多万美元的票房，完全抵消不了邓文迪的高投入。

甚至邓文迪的第二部作品《千里之行》在播出之前便已夭折。

但是在跟默多克离婚以后，她的电影事业却渐有起步的征兆。她最近投资拍摄的关于蔡国强的一部纪录片——《天梯·蔡国强的艺术》在纽约举行首映礼，连邓文迪的前夫默多克都出席了这场活动。

在许多公开场合，邓文迪介绍她自己时都会说她是一个电影制片人。这无疑说明了邓文迪现在的电影事业正在逐步发展，并且她自己正在这条道路上努力取得巨大的成功。

不过其实我们都知道电影事业如今竞争激烈。在国内，有华谊、万达等。在国外，也有好莱坞众多的优秀电影制片厂，而在大多数时候，

附：邓文迪的最新消息

人们更多地会去选择这些有知名度的电影制片厂制作的电影。邓文迪想要在电影事业上闯出一片天来，难度非常之大。

我们都知道邓文迪现在的主业是电影制片人，但她还有一个副业，那就是著名的艺术品交流网站 Artsy 的联合创始人。

但有趣的是邓文迪作为电影制片人，她在电影制作方面大部分时候是亏钱的，而主要的经济来源却是这个原本因为兴趣，一群富贵闲人聚在一起创建的艺术品交流网站 Artsy。

有钱人本来就喜欢购买艺术品，他们对艺术品的热忱不仅是一种精神消费，更多的有时候会是一种另类的投资理财。他们会用自己现在富余的金钱去购买一些看起来有升值空间的艺术品。放在自己的收藏室，一方面陶冶了情操，一方面也为自己的财富保值升值。

邓文迪曾经也是这些富人中的一员，但是她在购买艺术品的过程中发现了其中的商机，所以便创建了这样的一个网站。

现在 Artsy 越做越好，几乎是为邓文迪日进斗金。邓文迪与默多克分手后，自己在商务应酬方面的资金大部分也都来自于这个网站的盈利分红。

有人说邓文迪在与默多克离婚后大不如前。虽然邓文迪没有以前那

邓文迪与杰克曼夫妇

么有钱了，但现在的邓文迪活得潇洒自在，有自己的事业和奋斗目标。

一个有目标的人，怎么都不可能活得太差。

网上有两句评价邓文迪的话，令人非常赞同。

"邓文迪的人生无法复制。"

"对邓文迪，我且从正面看，因为，骂人没用。"

四、邓文迪的情感路线图

1968 年 12 月 5 日，邓文迪出生。

1985 年，考入广州医学院。

1987 年，邓文迪与杰克·切瑞相遇。

1990 年 2 月，22 岁的邓文迪与 53 岁的杰克·切瑞结婚。

1992 年 6 月，邓文迪与沃尔夫相恋。

1992 年 9 月，邓文迪和切瑞两年零七个月的婚姻结束。

1996 年，邓文迪从耶鲁大学商学院毕业并与沃尔夫分手。

1998 年年初，邓文迪成为默多克上海、北京之行的随行译员。

1999 年 6 月 25 日，邓文迪在游艇上与默多克举行婚礼。

2001 年 11 月 19 日，邓文迪借助先进的科学技术生下试管女儿格蕾丝。

2003 年 7 月 17 日，邓文迪又生下了克洛伊。

2011 年，掌掴抗议者救夫。

2013 年 6 月 13 日，默多克提出与邓文迪离婚。

2013 年 11 月 20 日，默多克与邓文迪正式离婚，邓文迪与普京传出绯闻。

2016 年 3 月 8 日，邓文迪与英国最年轻教授查理传出绯闻。

2017 年，邓文迪与西班牙男模 Bertold Zahoran 正式公布恋情。

……

附：邓文迪的最新消息

五、邓文迪的朋友圈

邓文迪的好友可以分为四大类：

1.工作伙伴。比如克利夫兰（Artsy 公司的联合创始人和首席执行官）、洛伦斯·斯隆（与邓文迪一起创办大脚制片厂）等。

2.男性朋友。比如查理（英国小提琴家）。

3.社交名媛。比如俄罗斯名媛达莎·朱可娃、Bertold Zahoran（西班牙男模）、伊万卡·特朗普、布莱尔、安娜·图温沃尔夫，章子怡、巩俐等。

4.好友闺蜜。比如李冰冰、关颖珊、苏芒等。

邓文迪的好友除了上面的四大类，邓文迪的朋友圈几乎涉足各大行业，而且都是各行各业叱咤风云的人物。

邓文迪交友的套路向来是从身边的闺蜜入手，充分发挥闺蜜的资源，

结交闺蜜的家人、亲友以及闺蜜的闺蜜。比如通过金刚狼休·杰克曼的老婆结识了这位影视大咖；通过好友达莎·朱可娃结交了朱可娃的丈夫，俄罗斯亿万富豪阿布·拉莫维奇，这位富豪不仅全球资产排名第十五，比邓文迪的前夫默多克还有钱，还与邓文迪曾经的"绯闻男友"普京是铁哥们……

在邓文迪的微博里也经常提起达莎·朱可娃和阿布夫妇，据悉阿

布是切尔西足球俱乐部的老板，阿布但凡来中国谈生意朱可娃一定会联系邓文迪给他们做向导，而要说借好友闺蜜结交权贵自然离不了美国的大公主伊万卡。

要知道伊万卡的父亲唐纳德·特朗普不仅是房地产大亨，还是美国总统，金钱权力统统在握。

邓文迪与伊万卡的关系好起来之后，邓文迪在美国上流社会的名媛圈子里混得可谓风生水起。

邓文迪与时尚界"女魔头"安娜·图温

附：邓文迪的最新消息

邓文迪与谷歌创始人布林

有一种说法叫做"六维空间论"，大概就是说一个人只要通过六个人就可以结交全世界任何人，大概就是这个意思吧。邓文迪从自己身边的人出发，几乎把世界各国的权贵人物结识了一大半。

除了借好友闺蜜的光，邓文迪交友的手腕自然也是十分厉害的，不然就算有资源，人家看不上邓文迪依旧是白瞎。在邓文迪的朋友圈里几乎都是各界拔尖的人物。

邓文迪跟硅谷大佬们很有来往，在自家庄园招待过扎克伯格，教他说中文，而扎克伯格的妻子就是一位美籍华裔，看来是被中国文化深深吸引了。

邓文迪还招待过两位谷歌人——创始人拉里·佩奇和谢尔盖·布林，甚至后来传闻布林闹婚变跟她有关，不过都未得到证实。

不用说国内一众明星还有电影制片人也都是她的好友，比如李冰冰，还有几大电影公司的制片人。

比如这张图里就有韩国明星全智贤，以及国内两家知名电影公司的负责人。

邓文迪、巩俐在芭莎中国夜

其实邓文迪的朋友圈也就是邓文迪生活的一个缩影。这么多年来，邓文迪从名不见经传到被世人熟知，从无产阶级跨越到亿万富豪，天上从来不会掉馅饼，任何人都没有白来的成功。

　　邓文迪的努力用在什么地方，其实很明显。

谜一样的女人：邓文迪